Johann Wolfgang Goethe, geboren am 28. 8. 1749 in Frankfurt am Main, ist am 22. 3. 1832 in Weimar gestorben.

Eugène Delacroix, der französische Maler und Graphiker, wurde am 26. 4. 1798 in Charenton-Saint-Maurice bei Paris geboren und starb am 13. 8. 1863 in Paris.

Goethe im Gespräch mit Eckermann am 6. Mai 1827 über seinen ›Faust‹: »Die Deutschen sind übrigens wunderliche Leute! Sie machen sich durch ihre tiefen Gedanken und Ideen, die sie überall suchen und überall hineinlegen, das Leben schwerer als billig. – Ei, so habt doch endlich einmal die Courage, euch den Eindrücken hinzugeben, euch ergetzen zu lassen, euch rühren zu lassen, euch erheben zu lassen, ja euch belehren und zu etwas Großem entflammen und ermutigen zu lassen; aber denkt nur nicht immer, es wäre alles eitel, wenn es nicht irgend abstrakter Gedanke und Idee wäre!

Da kommen sie und fragen, welche Idee ich in meinem ›Faust‹ zu verkörpern gesucht. Als ob ich das selber wüßte und aussprechen könnte! Vom Himmel durch die Welt zur Hölle – das wäre zur Not etwas; aber das ist keine Idee, sondern Gang der Handlung.«

Goethe zu den ›Faust-Illustrationen‹ von Delacroix in: ›Über Kunst und Altertum‹, Band VI, Mai 1828:

»...Dabei ist aber eins besonders merkwürdig: daß ein bildender Künstler sich mit dieser Produktion in ihrem ersten Sinne dergestalt befreundet, daß er alles ursprünglich Düstere in ihr ebenso aufgefaßt und einen unruhig strebenden Helden mit gleicher Unruhe des Griffels begleitet hat... [es wird] der Geist vom klaren Buchstaben in eine düstere Welt geführt und die uralte Empfindung einer märchenhaften Erzählung wieder aufgeregt. Ein Weiteres getrauen wir uns nicht zu sagen, einem jeden Beschauer dieses bedeutenden Werks mehr oder weniger den unsrigen analoge Empfindungen zutrauend und gleiche Befriedigung wünschend.«

insel taschenbuch 50
Johann Wolfgang Goethe
Faust
Erster Teil

JOHANN WOLFGANG GOETHE
FAUST
ERSTER TEIL
INSEL

Illustrationen von Eugène Delacroix
Nachwort von Jörn Göres

insel taschenbuch 50
Erste Auflage 1974
Insel Verlag Frankfurt am Main und Leipzig
Vertrieb durch den Suhrkamp Taschenbuch Verlag
Umschlag nach Entwürfen von Willy Fleckhaus
Druck: Nomos Verlagsgesellschaft, Baden-Baden
Printed in Germany

16 17 18 − 04

FAUST

ZUEIGNUNG

Ihr naht euch wieder, schwankende Gestalten,
Die früh sich einst dem trüben Blick gezeigt.
Versuch ich wohl, euch diesmal festzuhalten?
Fühl ich mein Herz noch jenem Wahn geneigt?
Ihr drängt euch zu! nun gut, so mögt ihr walten,
Wie ihr aus Dunst und Nebel um mich steigt;
Mein Busen fühlt sich jugendlich erschüttert
Vom Zauberhauch, der euren Zug umwittert.

Ihr bringt mit euch die Bilder froher Tage,
Und manche liebe Schatten steigen auf;
Gleich einer alten, halbverklungnen Sage
Kommt erste Lieb und Freundschaft mit herauf;
Der Schmerz wird neu, es wiederholt die Klage
Des Lebens labyrinthisch irren Lauf
Und nennt die Guten, die, um schöne Stunden
Vom Glück getäuscht, vor mir hinweggeschwunden.

Sie hören nicht die folgenden Gesänge,
Die Seelen, denen ich die ersten sang;
Zerstoben ist das freundliche Gedränge,
Verklungen, ach! der erste Widerklang.
Mein Leid ertönt der unbekannten Menge,
Ihr Beifall selbst macht meinem Herzen bang,
Und was sich sonst an meinem Lied erfreuet,
Wenn es noch lebt, irrt in der Welt zerstreuet.

Und mich ergreift ein längst entwöhntes Sehnen
Nach jenem stillen, ernsten Geisterreich,
Es schwebet nun in unbestimmten Tönen
Mein lispelnd Lied, der Äolsharfe gleich,
Ein Schauer faßt mich, Träne folgt den Tränen,

Das strenge Herz, es fühlt sich mild und weich;
Was ich besitze, seh ich wie im Weiten,
Und was verschwand, wird mir zu Wirklichkeiten.

VORSPIEL AUF DEM THEATER
Direktor, Theaterdichter, Lustige Person.

DIREKTOR.

Ihr beiden, die ihr mir so oft
In Not und Trübsal beigestanden,
Sagt, was ihr wohl in deutschen Landen
Von unsrer Unternehmung hofft!
Ich wünschte sehr, der Menge zu behagen,
Besonders weil sie lebt und leben läßt.
Die Pfosten sind, die Bretter aufgeschlagen,
Und jedermann erwartet sich ein Fest.
Sie sitzen schon mit hohen Augenbraunen
Gelassen da und möchten gern erstaunen.
Ich weiß, wie man den Geist des Volks versöhnt;
Doch so verlegen bin ich nie gewesen:
Zwar sind sie an das Beste nicht gewöhnt,
Allein sie haben schrecklich viel gelesen.
Wie machen wirs, daß alles frisch und neu
Und mit Bedeutung auch gefällig sei?
Denn freilich mag ich gern die Menge sehen,
Wenn sich der Strom nach unsrer Bude drängt
Und mit gewaltig wiederholten Wehen
Sich durch die enge Gnadenpforte zwängt,
Bei hellem Tage, schon vor vieren,
Mit Stößen sich bis an die Kasse ficht
Und, wie in Hungersnot um Brot an Bäckertüren,
Um ein Billett sich fast die Hälse bricht.
Dies Wunder wirkt auf so verschiedne Leute
Der Dichter nur; mein Freund, o tu es heute!

DICHTER.

O sprich mir nicht von jener bunten Menge,
Bei deren Anblick uns der Geist entflieht.
Verhülle mir das wogende Gedränge,

Das wider Willen uns zum Strudel zieht.
Nein, führe mich zur stillen Himmelsenge,
Wo nur dem Dichter reine Freude blüht,
Wo Lieb und Freundschaft unsres Herzens Segen
Mit Götterhand erschaffen und erpflegen.

Ach! was in tiefer Brust uns da entsprungen,
Was sich die Lippe schüchtern vorgelallt,
Mißraten jetzt und jetzt vielleicht gelungen,
Verschlingt des wilden Augenblicks Gewalt.
Oft, wenn es erst durch Jahre durchgedrungen,
Erscheint es in vollendeter Gestalt.
Was glänzt, ist für den Augenblick geboren;
Das Echte bleibt der Nachwelt unverloren.

LUSTIGE PERSON.

Wenn ich nur nichts von Nachwelt hören sollte!
Gesetzt, daß *ich* von Nachwelt reden wollte,
Wer machte denn der Mitwelt Spaß?
Den will sie doch und soll ihn haben.
Die Gegenwart von einem braven Knaben
Ist, dächt ich, immer auch schon was.
Wer sich behaglich mitzuteilen weiß,
Den wird des Volkes Laune nicht erbittern;
Er wünscht sich einen großen Kreis,
Um ihn gewisser zu erschüttern.
Drum seid nur brav und zeigt Euch musterhaft,
Laßt Phantasie mit allen ihren Chören,
Vernunft, Verstand, Empfindung, Leidenschaft,
Doch, merkt Euch wohl! nicht ohne Narrheit hören.

DIREKTOR.

Besonders aber laßt genug geschehn!
Man kommt zu schaun, man will am liebsten sehn.
Wird vieles vor den Augen abgesponnen,
So daß die Menge staunend gaffen kann,

Da habt Ihr in der Breite gleich gewonnen,
Ihr seid ein vielgeliebter Mann.
Die Masse könnt Ihr nur durch Masse zwingen,
Ein jeder sucht sich endlich selbst was aus.
Wer vieles bringt, wird manchem etwas bringen,
Und jeder geht zufrieden aus dem Haus.
Gebt Ihr ein Stück, so gebt es gleich in Stücken!
Solch ein Ragout, es muß Euch glücken;
Leicht ist es vorgelegt, so leicht als ausgedacht.
Was hilfts, wenn Ihr ein Ganzes dargebracht?
Das Publikum wird es Euch doch zerpflücken.

DICHTER.

Ihr fühlet nicht, wie schlecht ein solches Handwerk sei,
Wie wenig das dem echten Künstler zieme!
Der saubern Herren Pfuscherei
Ist, merk ich, schon bei Euch Maxime.

DIREKTOR.

Ein solcher Vorwurf läßt mich ungekränkt:
Ein Mann, der recht zu wirken denkt,
Muß auf das beste Werkzeug halten.
Bedenkt, Ihr habet weiches Holz zu spalten,
Und seht nur hin, für wen Ihr schreibt!
Wenn diesen Langeweile treibt,
Kommt jener satt vom übertischten Mahle,
Und, was das Allerschlimmste bleibt,
Gar mancher kommt vom Lesen der Journale.
Man eilt zerstreut zu uns, wie zu den Maskenfesten,
Und Neugier nur beflügelt jeden Schritt;
Die Damen geben sich und ihren Putz zum besten
Und spielen ohne Gage mit.
Was träumet Ihr auf Eurer Dichterhöhe?
Was macht ein volles Haus Euch froh?
Beseht die Gönner in der Nähe!
Halb sind sie kalt, halb sind sie roh.

Der, nach dem Schauspiel, hofft ein Kartenspiel,
Der eine wilde Nacht an einer Dirne Busen.
Was plagt ihr armen Toren viel
Zu solchem Zweck die holden Musen?
Ich sag Euch, gebt nur mehr und immer, immer mehr,
So könnt Ihr Euch vom Ziele nie verirren.
Sucht nur die Menschen zu verwirren,
Sie zu befriedigen, ist schwer — —
Was fällt Euch an? Entzückung oder Schmerzen?

DICHTER.

Geh hin und such dir einen andern Knecht!
Der Dichter sollte wohl das höchste Recht,
Das Menschenrecht, das ihm Natur vergönnt,
Um deinetwillen freventlich verscherzen!
Wodurch bewegt er alle Herzen?
Wodurch besiegt er jedes Element?
Ist es der Einklang nicht, der aus dem Busen dringt
Und in sein Herz die Welt zurücke schlingt?
Wenn die Natur des Fadens ewge Länge,
Gleichgültig drehend, auf die Spindel zwingt,
Wenn aller Wesen unharmonsche Menge
Verdrießlich durcheinander klingt:
Wer teilt die fließend immer gleiche Reihe
Belebend ab, daß sie sich rhythmisch regt?
Wer ruft das Einzelne zur allgemeinen Weihe,
Wo es in herrlichen Akkorden schlägt?
Wer läßt den Sturm zu Leidenschaften wüten?
Das Abendrot im ernsten Sinne glühn?
Wer schüttet alle schönen Frühlingsblüten
Auf der Geliebten Pfade hin?
Wer flicht die unbedeutend grünen Blätter
Zum Ehrenkranz Verdiensten jeder Art?
Wer sichert den Olymp? vereinet Götter?
Des Menschen Kraft, im Dichter offenbart.

LUSTIGE PERSON.

So braucht sie denn, die schönen Kräfte,
Und treibt die dichtrischen Geschäfte,
Wie man ein Liebesabenteuer treibt:
Zufällig naht man sich, man fühlt, man bleibt,
Und nach und nach wird man verflochten;
Es wächst das Glück, dann wird es angefochten,
Man ist entzückt, nun kommt der Schmerz heran,
Und eh man sichs versieht, ists eben ein Roman.
Laßt uns auch so ein Schauspiel geben!
Greift nur hinein ins volle Menschenleben!
Ein jeder lebts, nicht vielen ists bekannt,
Und wo Ihrs packt, da ists interessant.
In bunten Bildern wenig Klarheit,
Viel Irrtum und ein Fünkchen Wahrheit:
So wird der beste Trank gebraut,
Der alle Welt erquickt und auferbaut.
Dann sammelt sich der Jugend schönste Blüte
Vor Eurem Spiel und lauscht der Offenbarung,
Dann sauget jedes zärtliche Gemüte
Aus Eurem Werk sich melancholsche Nahrung,
Dann wird bald dies, bald jenes aufgeregt,
Ein jeder sieht, was er im Herzen trägt.
Noch sind sie gleich bereit, zu weinen und zu lachen,
Sie ehren noch den Schwung, erfreuen sich am Schein;
Wer fertig ist, dem ist nichts recht zu machen,
Ein Werdender wird immer dankbar sein.

DICHTER.

So gib mir auch die Zeiten wieder,
Da ich noch selbst im Werden war,
Da sich ein Quell gedrängter Lieder
Ununterbrochen neu gebar,
Da Nebel mir die Welt verhüllten,
Die Knospe Wunder noch versprach,

Da ich die tausend Blumen brach,
Die alle Täler reichlich füllten!
Ich hatte nichts und doch genug:
Den Drang nach Wahrheit und die Lust am Trug.
Gib ungebändigt jene Triebe,
Das tiefe, schmerzenvolle Glück,
Des Hasses Kraft, die Macht der Liebe,
Gib meine Jugend mir zurück!

LUSTIGE PERSON.

Der Jugend, guter Freund, bedarfst du allenfalls,
Wenn dich in Schlachten Feinde drängen,
Wenn mit Gewalt an deinen Hals
Sich allerliebste Mädchen hängen,
Wenn fern des schnellen Laufes Kranz
Vom schwer erreichten Ziele winket,
Wenn nach dem heftgen Wirbeltanz
Die Nächte schmausend man vertrinket.
Doch ins bekannte Saitenspiel
Mit Mut und Anmut einzugreifen,
Nach einem selbstgesteckten Ziel
Mit holdem Irren hinzuschweifen,
Das, alte Herrn, ist eure Pflicht,
Und wir verehren euch darum nicht minder.
Das Alter macht nicht kindisch, wie man spricht,
Es findet uns nur noch als wahre Kinder.

DIREKTOR.

Der Worte sind genug gewechselt,
Laßt mich auch endlich Taten sehn!
Indes ihr Komplimente drechselt,
Kann etwas Nützliches geschehn.
Was hilft es, viel von Stimmung reden?
Dem Zaudernden erscheint sie nie.
Gebt ihr euch einmal für Poeten,
So kommandiert die Poesie!

Euch ist bekannt, was wir bedürfen:
Wir wollen stark Getränke schlürfen;
Nun braut mir unverzüglich dran!
Was heute nicht geschieht, ist morgen nicht getan,
Und keinen Tag soll man verpassen;
Das Mögliche soll der Entschluß
Beherzt sogleich beim Schopfe fassen,
Er will es dann nicht fahren lassen
Und wirket weiter, weil er muß.
Ihr wißt, auf unsern deutschen Bühnen
Probiert ein jeder, was er mag;
Drum schonet mir an diesem Tag
Prospekte nicht und nicht Maschinen!
Gebraucht das groß' und kleine Himmelslicht,
Die Sterne dürfet Ihr verschwenden;
An Wasser, Feuer, Felsenwänden,
An Tier und Vögeln fehlt es nicht.
So schreitet in dem engen Bretterhaus
Den ganzen Kreis der Schöpfung aus,
Und wandelt mit bedächtger Schnelle
Vom Himmel durch die Welt zur Hölle!

PROLOG IM HIMMEL
Der Herr, die himmlischen Heerscharen. Nachher Mephistopheles.
Die drei Erzengel treten vor.

RAPHAEL.

Die Sonne tönt nach alter Weise
In Brudersphären Wettgesang,
Und ihre vorgeschriebne Reise
Vollendet sie mit Donnergang.
Ihr Anblick gibt den Engeln Stärke,
Wenn keiner sie ergründen mag;

17

Die unbegreiflich hohen Werke
Sind herrlich wie am ersten Tag.

GABRIEL.

Und schnell und unbegreiflich schnelle
Dreht sich umher der Erde Pracht;
Es wechselt Paradieseshelle
Mit tiefer, schauervoller Nacht;
Es schäumt das Meer in breiten Flüssen
Am tiefen Grund der Felsen auf,
Und Fels und Meer wird fortgerissen
In ewig schnellem Sphärenlauf.

MICHAEL.

Und Stürme brausen um die Wette
Vom Meer aufs Land, vom Land aufs Meer,
Und bilden wütend eine Kette
Der tiefsten Wirkung rings umher.
Da flammt ein blitzendes Verheeren
Dem Pfade vor des Donnerschlags;
Doch deine Boten, Herr, verehren
Das sanfte Wandeln deines Tags.

ZU DREI.

Der Anblick gibt den Engeln Stärke,
Da keiner dich ergründen mag,
Und alle deine hohen Werke
Sind herrlich wie am ersten Tag.

MEPHISTOPHELES.

Da du, o Herr, dich einmal wieder nahst
Und fragst, wie alles sich bei uns befinde,
Und du mich sonst gewöhnlich gerne sahst,
So siehst du mich auch unter dem Gesinde.
Verzeih, ich kann nicht hohe Worte machen,
Und wenn mich auch der ganze Kreis verhöhnt;
Mein Pathos brächte dich gewiß zum Lachen,
Hättst du dir nicht das Lachen abgewöhnt.

Von Sonn- und Welten weiß ich nichts zu sagen;
Ich sehe nur, wie sich die Menschen plagen.
Der kleine Gott der Welt bleibt stets von gleichem Schlag
Und ist so wunderlich als wie am ersten Tag.
Ein wenig besser würd er leben,
Hättst du ihm nicht den Schein des Himmelslichts gegeben;
Er nennts Vernunft und brauchts allein,
Nur tierischer als jedes Tier zu sein.
Er scheint mir, mit Verlaub von Euer Gnaden,
Wie eine der langbeinigen Zikaden,
Die immer fliegt und fliegend springt
Und gleich im Gras ihr altes Liedchen singt.
Und läg er nur noch immer in dem Grase!
In jeden Quark begräbt er seine Nase.

DER HERR.

Hast du mir weiter nichts zu sagen?
Kommst du nur immer anzuklagen?
Ist auf der Erde ewig dir nichts recht?

MEPHISTOPHELES.

Nein, Herr! ich find es dort, wie immer, herzlich schlecht.
Die Menschen dauern mich in ihren Jammertagen;
Ich mag sogar die armen selbst nicht plagen.

DER HERR.

Kennst du den Faust?

MEPHISTOPHELES.   Den Doktor?

DER HERR.   Meinen Knecht!

MEPHISTOPHELES.

Fürwahr! er dient Euch auf besondre Weise.
Nicht irdisch ist des Toren Trank noch Speise.
Ihn treibt die Gärung in die Ferne,
Er ist sich seiner Tollheit halb bewußt;
Vom Himmel fordert er die schönsten Sterne
Und von der Erde jede höchste Lust,
Und alle Näh und alle Ferne

Befriedigt nicht die tiefbewegte Brust.

DER HERR.

Wenn er mir jetzt auch nur verworren dient,
So werd ich ihn bald in die Klarheit führen.
Weiß doch der Gärtner, wenn das Bäumchen grünt,
Daß Blüt und Frucht die künftgen Jahre zieren.

MEPHISTOPHELES.

Was wettet Ihr? den sollt Ihr noch verlieren,
Wenn Ihr mir die Erlaubnis gebt,
Ihn meine Straße sacht zu führen!

DER HERR.

Solang er auf der Erde lebt,
Solange sei dirs nicht verboten.
Es irrt der Mensch, solang er strebt.

MEPHISTOPHELES.

Da dank ich Euch; denn mit den Toten
Hab ich mich niemals gern befangen.
Am meisten lieb ich mir die vollen, frischen Wangen.
Für einen Leichnam bin ich nicht zu Haus;
Mir geht es wie der Katze mit der Maus.

DER HERR.

Nun gut, es sei dir überlassen!
Zieh diesen Geist von seinem Urquell ab
Und führ ihn, kannst du ihn erfassen,
Auf deinem Wege mit herab,
Und steh beschämt, wenn du bekennen mußt:
Ein guter Mensch in seinem dunklen Drange
Ist sich des rechten Weges wohl bewußt.

MEPHISTOPHELES.

Schon gut! nur dauert es nicht lange.
Mir ist für meine Wette gar nicht bange.
Wenn ich zu meinem Zweck gelange,
Erlaubt Ihr mir Triumph aus voller Brust.
Staub soll er fressen, und mit Lust,

Wie meine Muhme, die berühmte Schlange!

DER HERR.

Du darfst auch da nur frei erscheinen;
Ich habe deinesgleichen nie gehaßt.
Von allen Geistern, die verneinen,
Ist mir der Schalk am wenigsten zur Last.
Des Menschen Tätigkeit kann allzu leicht erschlaffen,
Er liebt sich bald die unbedingte Ruh;
Drum geb ich gern ihm den Gesellen zu,
Der reizt und wirkt und muß als Teufel schaffen. –
Doch ihr, die echten Göttersöhne,
Erfreut euch der lebendig reichen Schöne!
Das Werdende, das ewig wirkt und lebt,
Umfaßt euch mit der Liebe holden Schranken,
Und was in schwankender Erscheinung schwebt,
Befestiget mit dauernden Gedanken!

Der Himmel schließt, die Erzengel verteilen sich.

MEPHISTOPHELES *allein.*

Von Zeit zu Zeit seh ich den Alten gern,
Und hüte mich, mit ihm zu brechen.
Es ist gar hübsch von einem großen Herrn,
So menschlich mit dem Teufel selbst zu sprechen.

Der Tragödie Erster Teil

NACHT

In einem hochgewölbten, engen gotischen Zimmer Faust,
unruhig auf seinem Sessel am Pulte.

FAUST. Habe nun, ach! Philosophie,
   Juristerei und Medizin
   Und leider auch Theologie
   Durchaus studiert, mit heißem Bemühn.
   Da steh ich nun, ich armer Tor!
   Und bin so klug als wie zuvor;
   Heiße Magister, heiße Doktor gar,
   Und ziehe schon an die zehen Jahr
   Herauf, herab und quer und krumm
   Meine Schüler an der Nase herum –
   Und sehe, daß wir nichts wissen können!
   Das will mir schier das Herz verbrennen.
   Zwar bin ich gescheiter als alle die Laffen,
   Doktoren, Magister, Schreiber und Pfaffen;
   Mich plagen keine Skrupel noch Zweifel,
   Fürchte mich weder vor Hölle noch Teufel –
   Dafür ist mir auch alle Freud entrissen,
   Bilde mir nicht ein, was Rechts zu wissen,
   Bilde mir nicht ein, ich könnte was lehren,
   Die Menschen zu bessern und zu bekehren.
   Auch hab ich weder Gut noch Geld,
   Noch Ehr und Herrlichkeit der Welt;
   Es möchte kein Hund so länger leben!
   Drum hab ich mich der Magie ergeben,
   Ob mir durch Geistes Kraft und Mund
   Nicht manch Geheimnis würde kund,
   Daß ich nicht mehr mit sauerm Schweiß
   Zu sagen brauche, was ich nicht weiß,
   Daß ich erkenne, was die Welt
   Im Innersten zusammenhält,

Schau alle Wirkenskraft und Samen
Und tu nicht mehr in Worten kramen.

O sähst du, voller Mondenschein,
Zum letzten Mal auf meine Pein,
Den ich so manche Mitternacht
An diesem Pult herangewacht:
Dann über Bücher und Papier,
Trübselger Freund, erschienst du mir!
Ach! könnt ich doch auf Bergeshöhn
In deinem lieben Lichte gehn,
Um Bergeshöhle mit Geistern schweben,
Auf Wiesen in deinem Dämmer weben,
Von allem Wissensqualm entladen
In deinem Tau gesund mich baden!

Weh! steck ich in dem Kerker noch?
Verfluchtes dumpfes Mauerloch,
Wo selbst das liebe Himmelslicht
Trüb durch gemalte Scheiben bricht!
Beschränkt von diesem Bücherhauf,
Den Würme nagen, Staub bedeckt,
Den bis ans hohe Gewölb hinauf
Ein angeraucht Papier umsteckt;
Mit Gläsern, Büchsen rings umstellt,
Mit Instrumenten vollgepfropft,
Urväter-Hausrat drein gestopft –
Das ist deine Welt! das heißt eine Welt!

Und fragst du noch, warum dein Herz
Sich bang in deinem Busen klemmt?
Warum ein unerklärter Schmerz
Dir alle Lebensregung hemmt?
Statt der lebendigen Natur,

Da Gott die Menschen schuf hinein,
Umgibt in Rauch und Moder nur
Dich Tiergeripp und Totenbein.

Flieh! auf! hinaus ins weite Land!
Und dies geheimnisvolle Buch,
Von Nostradamus' eigner Hand,
Ist dir es nicht Geleit genug?
Erkennest dann der Sterne Lauf,
Und wenn Natur dich unterweist,
Dann geht die Seelenkraft dir auf,
Wie spricht ein Geist zum andern Geist.
Umsonst, daß trocknes Sinnen hier
Die heilgen Zeichen dir erklärt!
Ihr schwebt, ihr Geister, neben mir:
Antwortet mir, wenn ihr mich hört!
Er schlägt das Buch auf und erblickt das Zeichen des Makrokosmus.
Ha! welche Wonne fließt in diesem Blick
Auf einmal mir durch alle meine Sinnen!
Ich fühle junges, heilges Lebensglück
Neuglühend mir durch Nerv' und Adern rinnen.
War es ein Gott, der diese Zeichen schrieb,
Die mir das innre Toben stillen,
Das arme Herz mit Freude füllen
Und mit geheimnisvollem Trieb
Die Kräfte der Natur rings um mich her enthüllen?
Bin ich ein Gott? Mir wird so licht!
Ich schau in diesen reinen Zügen
Die wirkende Natur vor meiner Seele liegen.
Jetzt erst erkenn ich, was der Weise spricht:
›Die Geisterwelt ist nicht verschlossen;
Dein Sinn ist zu, dein Herz ist tot!
Auf, bade, Schüler, unverdrossen
Die irdsche Brust im Morgenrot!‹

Er beschaut das Zeichen.
Wie alles sich zum Ganzen webt,
Eins in dem andern wirkt und lebt!
Wie Himmelskräfte auf und nieder steigen
Und sich die goldnen Eimer reichen!
Mit segenduftenden Schwingen
Vom Himmel durch die Erde dringen,
Harmonisch all das All durchklingen!

Welch Schauspiel! Aber ach! ein Schauspiel nur!
Wo faß ich dich, unendliche Natur?
Euch Brüste, wo? Ihr Quellen alles Lebens,
An denen Himmel und Erde hängt,
Dahin die welke Brust sich drängt –
Ihr quellt, ihr tränkt, und schmacht ich so vergebens?
*Er schlägt unwillig das Buch um und erblickt das Zeichen des
Erdgeistes.*
Wie anders wirkt dies Zeichen auf mich ein!
Du, Geist der Erde, bist mir näher;
Schon fühl ich meine Kräfte höher,
Schon glüh ich wie von neuem Wein.
Ich fühle Mut, mich in die Welt zu wagen,
Der Erde Weh, der Erde Glück zu tragen,
Mit Stürmen mich herumzuschlagen
Und in des Schiffbruchs Knirschen nicht zu zagen.
Es wölkt sich über mir –
Der Mond verbirgt sein Licht –
Die Lampe schwindet –
Es dampft – Es zucken rote Strahlen
Mir um das Haupt – Es weht
Ein Schauer vom Gewölb herab
Und faßt mich an!
Ich fühls, du schwebst um mich, erflehter Geist.
Enthülle dich!

Ha! wie's in meinem Herzen reißt!
Zu neuen Gefühlen
All meine Sinnen sich erwühlen!
Ich fühle ganz mein Herz dir hingegeben!
Du mußt! du mußt! und kostet' es mein Leben!

Er faßt das Buch und spricht das Zeichen des Geistes geheimnisvoll aus.

Es zuckt eine rötliche Flamme, der Geist erscheint in der Flamme.

GEIST. Wer ruft mir?

FAUST *abgewendet.*   Schreckliches Gesicht!

GEIST. Du hast mich mächtig angezogen,
　　An meiner Sphäre lang gesogen,
　　Und nun –

FAUST.　　Weh! ich ertrag dich nicht!

GEIST. Du flehst eratmend, mich zu schauen,
　　Meine Stimme zu hören, mein Antlitz zu sehn;
　　Mich neigt dein mächtig Seelenflehn,
　　Da bin ich! – Welch erbärmlich Grauen
　　Faßt Übermenschen dich! Wo ist der Seele Ruf?
　　Wo ist die Brust, die eine Welt in sich erschuf
　　Und trug und hegte? die mit Freudebeben
　　Erschwoll, sich uns, den Geistern, gleichzuheben?
　　Wo bist du, Faust, des Stimme mir erklang,
　　Der sich an mich mit allen Kräften drang?
　　Bist *du* es, der, von meinem Hauch umwittert,
　　In allen Lebenstiefen zittert,
　　Ein furchtsam weggekrümmter Wurm?

FAUST. Soll ich dir, Flammenbildung, weichen?
　　Ich bins, bin Faust, bin deinesgleichen!

GEIST.
　　In Lebensfluten, im Tatensturm
　　Wall ich auf und ab,
　　Wehe hin und her!
　　Geburt und Grab,

Ein ewiges Meer,
Ein wechselnd Weben,
Ein glühend Leben:
So schaff ich am sausenden Webstuhl der Zeit
Und wirke der Gottheit lebendiges Kleid.

FAUST. Der du die weite Welt umschweifst,
Geschäftiger Geist, wie nah fühl ich mich dir!

GEIST. Du gleichst dem Geist, den du begreifst,
Nicht mir! *Verschwindet.*

FAUST *zusammenstürzend.* Nicht dir?
Wem denn?
Ich Ebenbild der Gottheit!
Und nicht einmal dir!
Es klopft.
O Tod! ich kenns – das ist mein Famulus –
Es wird mein schönstes Glück zunichte!
Daß diese Fülle der Gesichte
Der trockne Schleicher stören muß!
*Wagner im Schlafrock und der Nachtmütze, eine Lampe in der
Hand.*
Faust wendet sich unwillig.

WAGNER. Verzeih! ich hör Euch deklamieren;
Ihr last gewiß ein griechisch Trauerspiel?
In dieser Kunst möcht ich was profitieren,
Denn heutzutage wirkt das viel.
Ich hab es öfters rühmen hören,
Ein Komödiant könnt einen Pfarrer lehren.

FAUST. Ja, wenn der Pfarrer ein Komödiant ist;
Wie das denn wohl zu Zeiten kommen mag.

WAGNER. Ach! wenn man so in sein Museum gebannt ist,
Und sieht die Welt kaum einen Feiertag,
Kaum durch ein Fernglas, nur von weiten,
Wie soll man sie durch Überredung leiten?

FAUST. Wenn ihrs nicht fühlt, ihr werdets nicht erjagen,

Wenn es nicht aus der Seele dringt
Und mit urkräftigem Behagen
Die Herzen aller Hörer zwingt.
Sitzt ihr nur immer! leimt zusammen,
Braut ein Ragout von andrer Schmaus
Und blast die kümmerlichen Flammen
Aus eurem Aschenhäufchen 'raus!
Bewundrung von Kindern und Affen,
Wenn euch darnach der Gaumen steht –
Doch werdet ihr nie Herz zu Herzen schaffen,
Wenn es euch nicht von Herzen geht.
WAGNER. Allein der Vortrag macht des Redners Glück;
Ich fühl es wohl, noch bin ich weit zurück.
FAUST. Such Er den redlichen Gewinn!
Sei Er kein schellenlauter Tor!
Es trägt Verstand und rechter Sinn
Mit wenig Kunst sich selber vor;
Und wenns euch Ernst ist, was zu sagen,
Ists nötig, Worten nachzujagen?
Ja, eure Reden, die so blinkend sind,
In denen ihr der Menschheit Schnitzel kräuselt,
Sind unerquicklich wie der Nebelwind,
Der herbstlich durch die dürren Blätter säuselt!
WAGNER. Ach Gott! die Kunst ist lang,
Und kurz ist unser Leben.
Mir wird, bei meinem kritischen Bestreben,
Doch oft um Kopf und Busen bang.
Wie schwer sind nicht die Mittel zu erwerben,
Durch die man zu den Quellen steigt!
Und eh man nur den halben Weg erreicht,
Muß wohl ein armer Teufel sterben.
FAUST. Das Pergament, ist das der heilge Bronnen,
Woraus ein Trunk den Durst auf ewig stillt?
Erquickung hast du nicht gewonnen,

Wenn sie dir nicht aus eigner Seele quillt.

WAGNER. Verzeiht! es ist ein groß Ergetzen,
Sich in den Geist der Zeiten zu versetzen,
Zu schauen, wie vor uns ein weiser Mann gedacht,
Und wie wirs dann zuletzt so herrlich weit gebracht.

FAUST. O ja, bis an die Sterne weit!
Mein Freund, die Zeiten der Vergangenheit
Sind uns ein Buch mit sieben Siegeln.
Was ihr den Geist der Zeiten heißt,
Das ist im Grund der Herren eigner Geist,
In dem die Zeiten sich bespiegeln.
Da ists denn wahrlich oft ein Jammer!
Man läuft euch bei dem ersten Blick davon:
Ein Kehrichtfaß und eine Rumpelkammer
Und höchstens eine Haupt- und Staatsaktion
Mit trefflichen pragmatischen Maximen,
Wie sie den Puppen wohl im Munde ziemen!

WAGNER. Allein die Welt! des Menschen Herz und Geist!
Möcht jeglicher doch was davon erkennen.

FAUST. Ja, was man so erkennen heißt!
Wer darf das Kind beim rechten Namen nennen?
Die wenigen, die was davon erkannt,
Die töricht gnug ihr volles Herz nicht wahrten,
Dem Pöbel ihr Gefühl, ihr Schauen offenbarten,
Hat man von je gekreuzigt und verbrannt. –
Ich bitt Euch, Freund, es ist tief in der Nacht,
Wir müssens diesmal unterbrechen.

WAGNER. Ich hätte gern nur immer fortgewacht,
Um so gelehrt mit Euch mich zu besprechen.
Doch morgen, als am ersten Ostertage,
Erlaubt mir ein' und andre Frage.
Mit Eifer hab ich mich der Studien beflissen;
Zwar weiß ich viel, doch möcht ich alles wissen. *Ab.*

FAUST *allein*.

Wie nur dem Kopf nicht alle Hoffnung schwindet,
Der immerfort an schalem Zeuge klebt,
Mit gierger Hand nach Schätzen gräbt
Und froh ist, wenn er Regenwürmer findet!

Darf eine solche Menschenstimme hier,
Wo Geisterfülle mich umgab, ertönen?
Doch ach! für diesmal dank ich dir,
Dem ärmlichsten von allen Erdensöhnen.
Du rissest mich von der Verzweiflung los,
Die mir die Sinne schon zerstören wollte.
Ach! die Erscheinung war so riesengroß,
Daß ich mich recht als Zwerg empfinden sollte.

Ich, Ebenbild der Gottheit, das sich schon
Ganz nah gedünkt dem Spiegel ewger Wahrheit,
Sein selbst genoß in Himmelsglanz und Klarheit,
Und abgestreift den Erdensohn;
Ich, mehr als Cherub, dessen freie Kraft
Schon durch die Adern der Natur zu fließen
Und, schaffend, Götterleben zu genießen
Sich ahnungsvoll vermaß, wie muß ichs büßen!
Ein Donnerwort hat mich hinweggerafft.

Nicht darf ich dir zu gleichen mich vermessen!
Hab ich die Kraft dich anzuziehn besessen,
So hatt ich dich zu halten keine Kraft.
In jenem selgen Augenblicke
Ich fühlte mich so klein, so groß;
Du stießest grausam mich zurücke
Ins ungewisse Menschenlos.
Wer lehret mich? was soll ich meiden?
Soll ich gehorchen jenem Drang?

Ach! unsre Taten selbst, so gut als unsre Leiden,
Sie hemmen unsres Lebens Gang.

Dem Herrlichsten, was auch der Geist empfangen,
Drängt immer fremd und fremder Stoff sich an;
Wenn wir zum Guten dieser Welt gelangen,
Dann heißt das Beßre Trug und Wahn.
Die uns das Leben gaben, herrliche Gefühle
Erstarren in dem irdischen Gewühle.
Wenn Phantasie sich sonst mit kühnem Flug
Und hoffnungsvoll zum Ewigen erweitert,
So ist ein kleiner Raum ihr nun genug,
Wenn Glück auf Glück im Zeitenstrudel scheitert.
Die Sorge nistet gleich im tiefen Herzen,
Dort wirket sie geheime Schmerzen,
Unruhig wiegt sie sich und störet Lust und Ruh;
Sie deckt sich stets mit neuen Masken zu,
Sie mag als Haus und Hof, als Weib und Kind erscheinen,
Als Feuer, Wasser, Dolch und Gift:
Du bebst vor allem, was nicht trifft,
Und was du nie verlierst, das mußt du stets beweinen.

Den Göttern gleich ich nicht! zu tief ist es gefühlt;
Dem Wurme gleich ich, der den Staub durchwühlt,
Den, wie er sich im Staube nährend lebt,
Des Wandrers Tritt vernichtet und begräbt!

Ist es nicht Staub, was diese hohe Wand
Aus hundert Fächern mir verenget?
Der Trödel, der mit tausendfachem Tand
In dieser Mottenwelt mich dränget?
Hier soll ich finden, was mir fehlt?
Soll ich vielleicht in tausend Büchern lesen,
Daß überall die Menschen sich gequält,

Daß hie und da ein Glücklicher gewesen? –
Was grinsest du mir, hohler Schädel, her?
Als daß dein Hirn, wie meines, einst verwirret
Den leichten Tag gesucht und in der Dämmrung schwer,
Mit Lust nach Wahrheit, jämmerlich geirret.
Ihr Instrumente freilich spottet mein
Mit Rad und Kämmen, Walz und Bügel:
Ich stand am Tor, ihr solltet Schlüssel sein;
Zwar euer Bart ist kraus, doch hebt ihr nicht die Riegel.
Geheimnisvoll am lichten Tag,
Läßt sich Natur des Schleiers nicht berauben,
Und was sie deinem Geist nicht offenbaren mag,
Das zwingst du ihr nicht ab mit Hebel und mit Schrauben.
Du alt Geräte, das ich nicht gebraucht,
Du stehst nur hier, weil dich mein Vater brauchte.
Du alte Rolle, du wirst angeraucht,
Solang an diesem Pult die trübe Lampe schmauchte.
Weit besser hätt ich doch mein Weniges verpraßt,
Als mit dem Wenigen belastet hier zu schwitzen!
Was du ererbt von deinen Vätern hast,
Erwirb es, um es zu besitzen.
Was man nicht nützt, ist eine schwere Last;
Nur was der Augenblick erschafft, das kann er nützen.

Doch warum heftet sich mein Blick auf jene Stelle?
Ist jenes Fläschchen dort den Augen ein Magnet?
Warum wird mir auf einmal lieblich helle,
Als wenn im nächtgen Wald uns Mondenglanz umweht?

Ich grüße dich, du einzige Phiole,
Die ich mit Andacht nun herunterhole!
In dir verehr ich Menschenwitz und Kunst.
Du Inbegriff der holden Schlummersäfte,
Du Auszug aller tödlich feinen Kräfte,

Erweise deinem Meister deine Gunst!
Ich sehe dich, es wird der Schmerz gelindert,
Ich fasse dich, das Streben wird gemindert,
Des Geistes Flutstrom ebbet nach und nach.
Ins hohe Meer werd ich hinausgewiesen,
Die Spiegelflut erglänzt zu meinen Füßen,
Zu neuen Ufern lockt ein neuer Tag.

Ein Feuerwagen schwebt auf leichten Schwingen
An mich heran! Ich fühle mich bereit,
Auf neuer Bahn den Äther zu durchdringen
Zu neuen Sphären reiner Tätigkeit.
Dies hohe Leben, diese Götterwonne!
Du, erst noch Wurm, und die verdienest du?
Ja, kehre nur der holden Erdensonne
Entschlossen deinen Rücken zu!
Vermesse dich, die Pforten aufzureißen,
Vor denen jeder gern vorüber schleicht!
Hier ist es Zeit, durch Taten zu beweisen,
Daß Manneswürde nicht der Götterhöhe weicht,
Vor jener dunkeln Höhle nicht zu beben,
In der sich Phantasie zu eigner Qual verdammt,
Nach jenem Durchgang hinzustreben,
Um dessen engen Mund die ganze Hölle flammt,
Zu diesem Schritt sich heiter zu entschließen,
Und wär es mit Gefahr, ins Nichts dahinzufließen.

Nun komm herab, kristallne, reine Schale,
Hervor aus deinem alten Futterale,
An die ich viele Jahre nicht gedacht!
Du glänztest bei der Väter Freudenfeste,
Erheitertest die ernsten Gäste,
Wenn einer dich dem andern zugebracht.
Der vielen Bilder künstlich-reiche Pracht,

Des Trinkers Pflicht, sie reimweis zu erklären,
Auf Einen Zug die Höhlung auszuleeren,
Erinnert mich an manche Jugendnacht.
Ich werde jetzt dich keinem Nachbar reichen,
Ich werde meinen Witz an deiner Kunst nicht zeigen.
Hier ist ein Saft, der eilig trunken macht;
Mit brauner Flut erfüllt er deine Höhle.
Den ich bereitet, den ich wähle,
Der letzte Trunk sei nun mit ganzer Seele
Als festlich hoher Gruß dem Morgen zugebracht!
Er setzt die Schale an den Mund.
Glockenklang und Chorgesang.

CHOR DER ENGEL.

Christ ist erstanden!
Freude dem Sterblichen,
Den die verderblichen,
Schleichenden, erblichen
Mängel umwanden.

FAUST. Welch tiefes Summen, welch ein heller Ton
Zieht mit Gewalt das Glas von meinem Munde?
Verkündiget ihr dumpfen Glocken schon
Des Osterfestes erste Feierstunde?
Ihr Chöre, singt ihr schon den tröstlichen Gesang,
Der einst um Grabes Nacht von Engelslippen klang,
Gewißheit einem neuen Bunde?

CHOR DER WEIBER.

Mit Spezereien
Hatten wir ihn gepflegt,
Wir seine Treuen
Hatten ihn hingelegt;
Tücher und Binden
Reinlich umwanden wir –
Ach, und wir finden
Christ nicht mehr hier!

CHOR DER ENGEL.

Christ ist erstanden!
Selig der Liebende,
Der die betrübende,
Heilsam' und übende
Prüfung bestanden.

FAUST. Was sucht ihr, mächtig und gelind,
Ihr Himmelstöne, mich am Staube?
Klingt dort umher, wo weiche Menschen sind!
Die Botschaft hör ich wohl, allein mir fehlt der Glaube;
Das Wunder ist des Glaubens liebstes Kind.
Zu jenen Sphären wag ich nicht zu streben,
Woher die holde Nachricht tönt;
Und doch, an diesen Klang von Jugend auf gewöhnt,
Ruft er auch jetzt zurück mich in das Leben.
Sonst stürzte sich der Himmelsliebe Kuß
Auf mich herab in ernster Sabbatstille;
Da klang so ahnungsvoll des Glockentones Fülle,
Und ein Gebet war brünstiger Genuß;
Ein unbegreiflich holdes Sehnen
Trieb mich, durch Wald und Wiesen hinzugehn,
Und unter tausend heißen Tränen
Fühlt ich mir eine Welt entstehn.
Dies Lied verkündete der Jugend muntre Spiele,
Der Frühlingsfeier freies Glück;
Erinnrung hält mich nun mit kindlichem Gefühle
Vom letzten, ernsten Schritt zurück.
O tönet fort, ihr süßen Himmelslieder!
Die Träne quillt, die Erde hat mich wieder!

CHOR DER JÜNGER.

Hat der Begrabene
Schon sich nach oben,
Lebend Erhabene,
Herrlich erhoben,

Ist er in Werdelust
Schaffender Freude nah:
Ach, an der Erde Brust
Sind wir zum Leide da!
Ließ er die Seinen
Schmachtend uns hier zurück,
Ach, wir beweinen,
Meister, dein Glück!

CHOR DER ENGEL.

Christ ist erstanden
Aus der Verwesung Schoß;
Reißet von Banden
Freudig euch los!
Tätig ihn Preisenden,
Liebe Beweisenden,
Brüderlich Speisenden,
Predigend Reisenden,
Wonne Verheißenden,
Euch ist der Meister nah,
Euch ist er da!

VOR DEM TOR
Spaziergänger aller Art ziehen hinaus

EINIGE HANDWERKSBURSCHE. Warum denn dort hinaus?
ANDRE. Wir gehn hinaus aufs Jägerhaus.
DIE ERSTEN. Wir aber wollen nach der Mühle wandern.
EIN HANDWERKSBURSCH.
Ich rat euch, nach dem Wasserhof zu gehn.
ZWEITER. Der Weg dahin ist gar nicht schön.
DIE ZWEITEN. Was tust denn du?
EIN DRITTER.   Ich gehe mit den andern.
VIERTER. Nach Burgdorf kommt herauf: gewiß dort findet ihr

Die schönsten Mädchen und das beste Bier,
Und Händel von der ersten Sorte.

FÜNFTER. Du überlustiger Gesell,
Juckt dich zum dritten Mal das Fell?
Ich mag nicht hin, mir graut es vor dem Orte.

DIENSTMÄDCHEN.
Nein, nein! ich gehe nach der Stadt zurück.

ANDRE. Wir finden ihn gewiß bei jenen Pappeln stehen.

ERSTE. Das ist für mich kein großes Glück;
Er wird an deiner Seite gehen,
Mit dir nur tanzt er auf dem Plan.
Was gehn mich deine Freuden an!

ANDRE. Heut ist er sicher nicht allein,
Der Krauskopf, sagt er, würde bei ihm sein.

SCHÜLER. Blitz, wie die wackern Dirnen schreiten!
Herr Bruder, komm! wir müssen sie begleiten.
Ein starkes Bier, ein beizender Toback,
Und eine Magd im Putz, das ist nun mein Geschmack.

BÜRGERMÄDCHEN.
Da sieh mir nur die schönen Knaben!
Es ist wahrhaftig eine Schmach:
Gesellschaft könnten sie die allerbeste haben –
Und laufen diesen Mägden nach!

ZWEITER SCHÜLER *zum ersten.*
Nicht so geschwind! dort hinten kommen zwei,
Sie sind gar niedlich angezogen.
's ist meine Nachbarin dabei;
Ich bin dem Mädchen sehr gewogen.
Sie gehen ihren stillen Schritt
Und nehmen uns doch auch am Ende mit.

ERSTER.
Herr Bruder, nein! ich bin nicht gern geniert.
Geschwind, daß wir das Wildbret nicht verlieren!
Die Hand, die samstags ihren Besen führt,

Wird sonntags dich am besten karessieren.

BÜRGER.

Nein, er gefällt mir nicht, der neue Burgemeister!
Nun, da ers ist, wird er nur täglich dreister,
Und für die Stadt was tut denn er?
Wird es nicht alle Tage schlimmer?
Gehorchen soll man mehr als immer
Und zahlen mehr als je vorher.

BETTLER *singt.*

Ihr guten Herrn, ihr schönen Frauen,
So wohlgeputzt und backenrot,
Belieb es euch, mich anzuschauen,
Und seht und mildert meine Not!
Laßt hier mich nicht vergebens leiern!
Nur der ist froh, der geben mag.
Ein Tag, den alle Menschen feiern,
Er sei für mich ein Erntetag.

ANDRER BÜRGER.

Nichts Bessers weiß ich mir an Sonn- und Feiertagen
Als ein Gespräch von Krieg und Kriegsgeschrei,
Wenn hinten, weit, in der Türkei,
Die Völker auf einander schlagen.
Man steht am Fenster, trinkt sein Gläschen aus
Und sieht den Fluß hinab die bunten Schiffe gleiten;
Dann kehrt man abends froh nach Haus
Und segnet Fried und Friedenszeiten.

DRITTER BÜRGER.

Herr Nachbar, ja! so laß ichs auch geschehn:
Sie mögen sich die Köpfe spalten,
Mag alles durch einander gehn;
Doch nur zu Hause bleibs beim alten.

ALTE *zu den Bürgermädchen.*

Ei! wie geputzt! das schöne junge Blut!
Wer soll sich nicht in euch vergaffen? –

Nur nicht so stolz! es ist schon gut!
Und was ihr wünscht, das wüßt ich wohl zu schaffen.

BÜRGERMÄDCHEN.

Agathe, fort! ich nehme mich in acht,
Mit solchen Hexen öffentlich zu gehen;
Sie ließ mich zwar in Sankt Andreas-Nacht
Den künftgen Liebsten leiblich sehen.

DIE ANDRE. Mir zeigte sie ihn im Kristall,
Soldatenhaft, mit mehreren Verwegnen;
Ich seh mich um, ich such ihn überall,
Allein mir will er nicht begegnen.

SOLDATEN.

Burgen mit hohen
Mauern und Zinnen,
Mädchen mit stolzen,
Höhnenden Sinnen
Möcht ich gewinnen!
Kühn ist das Mühen,
Herrlich der Lohn!

Und die Trompete
Lassen wir werben,
Wie zu der Freude
So zum Verderben.
Das ist ein Stürmen!
Das ist ein Leben!
Mädchen und Burgen
Müssen sich geben.
Kühn ist das Mühen,
Herrlich der Lohn!
Und die Soldaten
Ziehen davon.

Faust und Wagner.

FAUST. Vom Eise befreit sind Strom und Bäche
Durch des Frühlings holden, belebenden Blick,
Im Tale grünet Hoffnungsglück;
Der alte Winter, in seiner Schwäche,
Zog sich in rauhe Berge zurück.
Von dort her sendet er, fliehend, nur
Ohnmächtige Schauer körnigen Eises
In Streifen über die grünende Flur.
Aber die Sonne duldet kein Weißes,
Überall regt sich Bildung und Streben,
Alles will sie mit Farben beleben;
Doch an Blumen fehlts im Revier,
Sie nimmt geputzte Menschen dafür.
Kehre dich um, von diesen Höhen
Nach der Stadt zurück zu sehen!
Aus dem hohlen, finstern Tor
Dringt ein buntes Gewimmel hervor.
Jeder sonnt sich heute so gern.
Sie feiern die Auferstehung des Herrn;
Denn sie sind selber auferstanden:
Aus niedriger Häuser dumpfen Gemächern,
Aus Handwerks- und Gewerbesbanden,
Aus dem Druck von Giebeln und Dächern,
Aus der Straße quetschender Enge,
Aus der Kirchen ehrwürdiger Nacht
Sind sie alle ans Licht gebracht.
Sieh nur, sieh! wie behend sich die Menge
Durch die Gärten und Felder zerschlägt,
Wie der Fluß in Breit und Länge
So manchen lustigen Nachen bewegt,
Und, bis zum Sinken überladen,
Entfernt sich dieser letzte Kahn.
Selbst von des Berges fernen Pfaden

Blinken uns farbige Kleider an.
Ich höre schon des Dorfs Getümmel,
Hier ist des Volkes wahrer Himmel,
Zufrieden jauchzet groß und klein:
›Hier bin ich Mensch, hier darf ichs sein!‹

WAGNER. Mit Euch, Herr Doktor, zu spazieren
Ist ehrenvoll und ist Gewinn;
Doch würd ich nicht allein mich herverlieren,
Weil ich ein Feind von allem Rohen bin.
Das Fiedeln, Schreien, Kegelschieben
Ist mir ein gar verhaßter Klang;
Sie toben, wie vom bösen Geist getrieben,
Und nennens Freude, nennens Gesang.

Bauern unter der Linde.

TANZ UND GESANG.

Der Schäfer putzte sich zum Tanz
Mit bunter Jacke, Band und Kranz,
Schmuck war er angezogen.
Schon um die Linde war es voll,
Und alles tanzte schon wie toll.
Juchhe! Juchhe!
Juchheisa! Heisa! He!
So ging der Fiedelbogen.

Er drückte hastig sich heran,
Da stieß er an ein Mädchen an
Mit seinem Ellenbogen;
Die frische Dirne kehrt’ sich um
Und sagte: ›Nun, das find ich dumm!‹
Juchhe! Juchhe!
Juchheisa! Heisa! He!
›Seid nicht so ungezogen!‹
Doch hurtig in dem Kreise gings,
Sie tanzten rechts, sie tanzten links,

Und alle Röcke flogen.
Sie wurden rot, sie wurden warm
Und ruhten atmend Arm in Arm –
Juchhe! Juchhe!
Juchheisa! Heisa! He! –
Und Hüft an Ellenbogen.

›Und tu mir doch nicht so vertraut!
Wie mancher hat nicht seine Braut
Belogen und betrogen!‹
Er schmeichelte sie doch beiseit,
Und von der Linde scholl es weit:
Juchhe! Juchhe!
Juchheisa! Heisa! He!
Geschrei und Fiedelbogen.

ALTER BAUER. Herr Doktor, das ist schön von Euch,
   Das Ihr uns heute nicht verschmäht
   Und unter dieses Volksgedräng,
   Als ein so Hochgelahrter, geht.
   So nehmet auch den schönsten Krug,
   Den wir mit frischem Trunk gefüllt!
   Ich bring ihn zu und wünsche laut,
   Daß er nicht nur den Durst Euch stillt:
   Die Zahl der Tropfen, die er hegt,
   Sei Euren Tagen zugelegt!
FAUST. Ich nehme den Erquickungstrank,
   Erwidr euch allen Heil und Dank.
   Das Volk sammelt sich im Kreis umher.
ALTER BAUER. Fürwahr, es ist sehr wohlgetan,
   Daß Ihr am frohen Tag erscheint;
   Habt Ihr es vormals doch mit uns
   An bösen Tagen gut gemeint!
   Gar mancher steht lebendig hier,

49

Den Euer Vater noch zuletzt
Der heißen Fieberwut entriß,
Als er der Seuche Ziel gesetzt.
Auch damals Ihr, ein junger Mann,
Ihr gingt in jedes Krankenhaus,
Gar manche Leiche trug man fort,
Ihr aber kamt gesund heraus,
Bestandet manche harte Proben:
Dem Helfer half der Helfer droben.

ALLE. Gesundheit dem bewährten Mann,
Daß er noch lange helfen kann!

FAUST. Vor jenem droben steht gebückt,
Der helfen lehrt und Hülfe schickt!
Er geht mit Wagner weiter.

WAGNER. Welch ein Gefühl mußt du, o großer Mann,
Bei der Verehrung dieser Menge haben!
O glücklich, wer von seinen Gaben
Solch einen Vorteil ziehen kann!
Der Vater zeigt dich seinem Knaben,
Ein jeder fragt und drängt und eilt,
Die Fiedel stockt, der Tänzer weilt.
Du gehst, in Reihen stehen sie,
Die Mützen fliegen in die Höh,
Und wenig fehlt, so beugten sich die Knie,
Als käm das Venerabile.

FAUST. Nur wenig Schritte noch hinauf zu jenem Stein;
Hier wollen wir von unsrer Wandrung rasten.
Hier saß ich oft gedankenvoll allein
Und quälte mich mit Beten und mit Fasten.
An Hoffnung reich, im Glauben fest,
Mit Tränen, Seufzen, Händeringen
Dacht ich das Ende jener Pest
Vom Herrn des Himmels zu erzwingen.
Der Menge Beifall tönt mir nun wie Hohn.

O könntest du in meinem Innern lesen,
Wie wenig Vater und Sohn
Solch eines Ruhmes wert gewesen!
Mein Vater war ein dunkler Ehrenmann,
Der über die Natur und ihre heilgen Kreise,
In Redlichkeit, jedoch auf seine Weise,
Mit grillenhafter Mühe sann;
Der in Gesellschaft von Adepten
Sich in die schwarze Küche schloß
Und nach unendlichen Rezepten
Das Widrige zusammengoß.
Da ward ein roter Leu, ein kühner Freier,
Im lauen Bad der Lilie vermählt
Und beide dann mit offnem Flammenfeuer
Aus einem Brautgemach ins andere gequält.
Erschien darauf mit bunten Farben
Die junge Königin im Glas,
Hier war die Arzenei, die Patienten starben,
Und niemand fragte, wer genas.
So haben wir mit höllischen Latwergen
In diesen Tälern, diesen Bergen
Weit schlimmer als die Pest getobt.
Ich habe selbst den Gift an Tausende gegeben:
Sie welkten hin, ich muß erleben,
Daß man die frechen Mörder lobt.
WAGNER. Wie könnt Ihr Euch darum betrüben!
Tut nicht ein braver Mann genug,
Die Kunst, die man ihm übertrug,
Gewissenhaft und pünktlich auszuüben?
Wenn du als Jüngling deinen Vater ehrst,
So wirst du gern von ihm empfangen;
Wenn du als Mann die Wissenschaft vermehrst,
So kann dein Sohn zu höhrem Ziel gelangen.
FAUST. O glücklich, wer noch hoffen kann,

Aus diesem Meer des Irrtums aufzutauchen!
Was man nicht weiß, das eben brauchte man,
Und was man weiß, kann man nicht brauchen. –
Doch laß uns dieser Stunde schönes Gut
Durch solchen Trübsinn nicht verkümmern!
Betrachte, wie in Abendsonneglut
Die grünumgebnen Hütten schimmern!
Sie rückt und weicht, der Tag ist überlebt,
Dort eilt sie hin und fördert neues Leben.
O daß kein Flügel mich vom Boden hebt,
Ihr nach und immer nach zu streben!
Ich säh im ewigen Abendstrahl
Die stille Welt zu meinen Füßen,
Entzündet alle Höhn, beruhigt jedes Tal,
Den Silberbach in goldne Ströme fließen.
Nicht hemmt dann den göttergleichen Lauf
Der wilde Berg mit allen seinen Schluchten;
Schon tut das Meer sich mit erwärmten Buchten
Vor den erstaunten Augen auf.
Doch scheint die Göttin endlich wegzusinken;
Allein der neue Trieb erwacht,
Ich eile fort, ihr ewges Licht zu trinken,
Vor mir den Tag und hinter mir die Nacht,
Den Himmel über mir und unter mir die Wellen.
Ein schöner Traum, indessen sie entweicht.
Ach, zu des Geistes Flügeln wird so leicht
Kein körperlicher Flügel sich gesellen!
Doch ist es jedem eingeboren,
Daß sein Gefühl hinauf und vorwärts dringt,
Wenn über uns, im blauen Raum verloren,
Ihr schmetternd Lied die Lerche singt,
Wenn über schroffen Fichtenhöhen
Der Adler ausgebreitet schwebt
Und über Flächen, über Seen

Der Kranich nach der Heimat strebt.

WAGNER. Ich hatte selbst oft grillenhafte Stunden,
Doch solchen Trieb hab ich noch nie empfunden.
Man sieht sich leicht an Wald und Felder satt;
Des Vogels Fittich werd ich nie beneiden.
Wie anders tragen uns die Geistesfreuden
Von Buch zu Buch, von Blatt zu Blatt!
Da werden Winternächte hold und schön,
Ein selig Leben wärmet alle Glieder,
Und ach, entrollst du gar ein würdig Pergamen,
So steigt der ganze Himmel zu dir nieder!

FAUST. Du bist dir nur des einen Triebs bewußt;
O lerne nie den andern kennen!
Zwei Seelen wohnen, ach! in meiner Brust,
Die eine will sich von der andern trennen;
Die eine hält in derber Liebeslust
Sich an die Welt mit klammernden Organen;
Die andre hebt gewaltsam sich vom Dust
Zu den Gefilden hoher Ahnen.
O gibt es Geister in der Luft,
Die zwischen Erd und Himmel herrschend weben,
So steiget nieder aus dem goldnen Duft
Und führt mich weg zu neuem, buntem Leben!
Ja, wäre nur ein Zaubermantel mein,
Und trüg er mich in fremde Länder!
Mir sollt er um die köstlichsten Gewänder,
Nicht feil um einen Königsmantel sein.

WAGNER. Berufe nicht die wohlbekannte Schar,
Die strömend sich im Dunstkreis überbreitet,
Dem Menschen tausendfältige Gefahr
Von allen Enden her bereitet!
Von Norden dringt der scharfe Geisterzahn
Auf dich herbei mit pfeilgespitzten Zungen;
Von Morgen ziehn vertrocknend sie heran

Und nähren sich von deinen Lungen;
Wenn sie der Mittag aus der Wüste schickt,
Die Glut auf Glut um deinen Scheitel häufen,
So bringt der West den Schwarm, der erst erquickt,
Um dich und Feld und Aue zu ersäufen.
Sie hören gern, zum Schaden froh gewandt,
Gehorchen gern, weil sie uns gern betrügen;
Sie stellen wie vom Himmel sich gesandt,
Und lispeln englisch, wenn sie lügen. –
Doch gehen wir! Ergraut ist schon die Welt,
Die Luft gekühlt, der Nebel fällt!
Am Abend schätzt man erst das Haus. –
Was stehst du so und blickst erstaunt hinaus?
Was kann dich in der Dämmrung so ergreifen?

FAUST. Siehst du den schwarzen Hund durch Saat und
WAGNER.   [Stoppel streifen?
Ich sah ihn lange schon, nicht wichtig schien er mir.
FAUST. Betracht ihn recht! für was hältst du das Tier?
WAGNER. Für einen Pudel, der auf seine Weise
Sich auf der Spur des Herren plagt.
FAUST. Bemerkst du, wie in weitem Schneckenkreise
Er um uns her und immer näher jagt?
Und irr ich nicht, so zieht ein Feuerstrudel
Auf seinen Pfaden hinterdrein.
WAGNER. Ich sehe nichts als einen schwarzen Pudel;
Es mag bei Euch wohl Augentäuschung sein.
FAUST. Mir scheint es, daß er magisch leise Schlingen
Zu künftgem Band um unsre Füße zieht.
WAGNER.
Ich seh ihn ungewiß und furchtsam uns umspringen,
Weil er statt seines Herrn zwei Unbekannte sieht.
FAUST. Der Kreis wird eng, schon ist er nah!
WAGNER. Du siehst: ein Hund, und kein Gespenst ist da!
Er knurrt und zweifelt, legt sich auf den Bauch,

Er wedelt. Alles Hundebrauch.

FAUST. Geselle dich zu uns! komm hier!

WAGNER. Es ist ein pudelnärrisch Tier.
Du stehest still, er wartet auf;
Du sprichst ihn an, er strebt an dir hinauf;
Verliere was, er wird es bringen,
Nach deinem Stock ins Wasser springen.

FAUST. Du hast wohl recht: ich finde nicht die Spur
Von einem Geist, und alles ist Dressur.

WAGNER. Dem Hunde, wenn er gut gezogen,
Wird selbst ein weiser Mann gewogen.
Ja, deine Gunst verdient er ganz und gar,
Er, der Studenten trefflicher Skolar.
Sie gehen in das Stadttor.

STUDIERZIMMER

FAUST *mit dem Pudel hereintretend.*
Verlassen hab ich Feld und Auen,
Die eine tiefe Nacht bedeckt,
Mit ahnungsvollem, heilgem Grauen
In uns die beßre Seele weckt.
Entschlafen sind nun wilde Triebe
Mit jedem ungestümen Tun;
Es reget sich die Menschenliebe,
Die Liebe Gottes regt sich nun. –

Sei ruhig, Pudel! renne nicht hin und wider!
An der Schwelle was schnoperst du hier?
Lege dich hinter den Ofen nieder,
Mein bestes Kissen geb ich dir.
Wie du draußen auf dem bergigen Wege
Durch Rennen und Springen ergetzt uns hast,
So nimm nun auch von mir die Pflege

Als ein willkommner, stiller Gast.

Ach! wenn in unsrer engen Zelle
Die Lampen freundlich wieder brennt,
Dann wirds in unserm Busen helle,
Im Herzen, das sich selber kennt.
Vernunft fängt wieder an zu sprechen,
Und Hoffnung wieder an zu blühn;
Man sehnt sich nach des Lebens Bächen,
Ach! nach des Lebens Quelle hin. –

Knurre nicht, Pudel! Zu den heiligen Tönen,
Die jetzt meine ganze Seel umfassen,
Will der tierische Laut nicht passen.
Wir sind gewohnt, daß die Menschen verhöhnen,
Was sie nicht verstehn,
Daß sie vor dem Guten und Schönen,
Das ihnen oft beschwerlich ist, murren;
Will es der Hund wie sie beknurren?

Aber ach! schon fühl ich, bei dem besten Willen,
Befriedigung nicht mehr aus dem Busen quillen.
Aber warum muß der Strom so bald versiegen
Und wir wieder im Durste liegen?
Davon hab ich so viel Erfahrung.
Doch dieser Mangel läßt sich ersetzen:
Wir lernen das Überirdische schätzen,
Wir sehnen uns nach Offenbarung,
Die nirgends würdger und schöner brennt
Als in dem Neuen Testament.
Mich drängts, den Grundtext aufzuschlagen,
Mit redlichem Gefühl einmal
Das heilige Original
In mein geliebtes Deutsch zu übertragen.

Er schlägt ein Volum auf und schickt sich an.
Geschrieben steht: ›Im Anfang war das *Wort!*‹
Hier stock ich schon! Wer hilft mir weiter fort?
Ich kann das *Wort* so hoch unmöglich schätzen,
Ich muß es anders übersetzen,
Wenn ich vom Geiste recht erleuchtet bin.
Geschrieben steht: Im Anfang war der *Sinn.*
Bedenke wohl die erste Zeile,
Daß deine Feder sich nicht übereile!
Ist es der *Sinn*, der alles wirkt und schafft?
Es sollte stehn: Im Anfang war die *Kraft!*
Doch auch indem ich dieses niederschreibe,
Schon warnt mich was, daß ich dabei nicht bleibe.
Mir hilft der Geist! auf einmal seh ich Rat
Und schreibe getrost: Im Anfang war die *Tat!* –

Soll ich mit dir das Zimmer teilen,
Pudel, so laß das Heulen,
So laß das Bellen!
Solch einen störenden Gesellen
Mag ich nicht in der Nähe leiden.
Einer von uns beiden
Muß die Zelle meiden.
Ungern heb ich das Gastrecht auf,
Die Tür ist offen, hast freien Lauf. –
Aber was muß ich sehen!
Kann das natürlich geschehen?
Ist es Schatten? ists Wirklichkeit?
Wie wird mein Pudel lang und breit!
Er hebt sich mit Gewalt,
Das ist nicht eines Hundes Gestalt!
Welch ein Gespenst bracht ich ins Haus!
Schon sieht er wie ein Nilpferd aus,
Mit feurigen Augen, schrecklichem Gebiß.

O, du bist mir gewiß!
Für solche halbe Höllenbrut
Ist Salomonis Schlüssel gut.

GEISTER *auf dem Gange.*

Drinnen gefangen ist einer!
Bleibet haußen, folg ihm keiner!
Wie im Eisen der Fuchs
Zagt ein alter Höllenluchs.
Aber gebt acht!
Schwebet hin, schwebet wider,
Auf und nieder,
Und er hat sich losgemacht.
Könnt ihr ihm nützen,
Laßt ihn nicht sitzen!
Denn er tat uns allen
Schon viel zu Gefallen.

FAUST.

Erst, zu begegnen dem Tiere,
Brauch ich den Spruch der Viere:

Salamander soll glühen,
Undene sich winden,
Sylphe verschwinden,
Kobold sich mühen.

Wer sie nicht kennte,
Die Elemente,
Ihre Kraft
Und Eigenschaft,
Wäre kein Meister
Über die Geister.

Verschwind in Flammen,
Salamander!
Rauschend fließe zusammen,
Undene!
Leucht in Meteorenschöne,
Sylphe!
Bring häusliche Hülfe,
Incubus! incubus!
Tritt hervor und mache den Schluß!

Keines der Viere
Steckt in dem Tiere.
Es liegt ganz ruhig und grinst mich an;
Ich hab ihm noch nicht weh getan.
Du sollst mich hören
Stärker beschwören.

Bist du, Geselle,
Ein Flüchtling der Hölle?
So sieh dies Zeichen,
Dem sie sich beugen,
Die schwarzen Scharen!

Schon schwillt es auf mit borstigen Haaren.

Verworfnes Wesen!
Kannst du ihn lesen?
Den nie Entsproßnen,
Unausgesprochnen,
Durch alle Himmel Gegoßnen,
Freventlich Durchstochnen?

Hinter den Ofen gebannt,
Schwillt es wie ein Elefant,

Den ganzen Raum füllt es an,
Es will zum Nebel zerfließen.
Steige nicht zur Decke hinan!
Lege dich zu des Meisters Füßen!
Du siehst, daß ich nicht vergebens drohe.
Ich versenge dich mit heiliger Lohe!
Erwarte nicht
Das dreimal glühende Licht!
Erwarte nicht
Die stärkste von meinen Künsten!

MEPHISTOPHELES *tritt, indem der Nebel fällt, gekleidet*
wie ein fahrender Scholastikus, hinter dem Ofen hervor.
Wozu der Lärm? was steht dem Herrn zu Diensten?
FAUST. Das also war des Pudels Kern!
Ein fahrender Skolast? Der Casus macht mich lachen.
MEPHISTOPHELES. Ich salutiere den gelehrten Herrn!
Ihr habt mich weidlich schwitzen machen.
FAUST. Wie nennst du dich?
MEPHISTOPHELES.   Die Frage scheint mir klein
Für einen, der das Wort so sehr verachtet,
Nur, weit entfernt von allem Schein,
Der in der Wesen Tiefe trachtet.
FAUST. Bei euch, ihr Herrn, kann man das Wesen
Gewöhnlich aus dem Namen lesen,
Wo es sich allzu deutlich weist,
Wenn man euch Fliegengott, Verderber, Lügner heißt.
Nun gut, wer bist du denn?
MEPHISTOPHELES.   Ein Teil von jener Kraft,
Die stets das Böse will, und stets das Gute schafft.
FAUST. Was ist mit diesem Rätselwort gemeint?
MEPHIST. Ich bin der Geist, der stets verneint!
Und das mit Recht; denn alles, was entsteht,
Ist wert, daß es zugrunde geht;

Drum besser wärs, daß nichts entstünde.
So ist denn alles, was ihr Sünde,
Zerstörung, kurz das Böse nennt,
Mein eigentliches Element.

FAUST.

Du nennst dich einen Teil, und stehst doch ganz vor mir?

MEPHIST. Bescheidne Wahrheit sprech ich dir.

Wenn sich der Mensch, die kleine Narrenwelt,
Gewöhnlich für ein Ganzes hält –
Ich bin ein Teil des Teils, der anfangs alles war,
Ein Teil der Finsternis, die sich das Licht gebar,
Das stolze Licht, das nun der Mutter Nacht
Den alten Rang, den Raum ihr streitig macht.
Und doch gelingts ihm nicht, da es, soviel es strebt,
Verhaftet an den Körper klebt.
Von Körpern strömts, die Körper macht es schön,
Ein Körper hemmts auf seinem Gange;
So, hoff ich, dauert es nicht lange,
Und mit den Körpern wirds zugrunde gehn.

FAUST. Nun kenn ich deine würdgen Pflichten!
Du kannst im Großen nichts vernichten
Und fängst es nun im Kleinen an.

MEPHIST. Und freilich ist nicht viel damit getan.
Was sich dem Nichts entgegenstellt,
Das Etwas, diese plumpe Welt,
Soviel als ich schon unternommen,
Ich wußte nicht ihr beizukommen
Mit Wellen, Stürmen, Schütteln, Brand –
Geruhig bleibt am Ende Meer und Land!
Und dem verdammten Zeug, der Tier- und Menschenbrut,
Dem ist nun gar nichts anzuhaben:
Wie viele hab ich schon begraben,
Und immer zirkuliert ein neues, frisches Blut!
So geht es fort, man möchte rasend werden!

Der Luft, dem Wasser wie der Erden
Entwinden tausend Keime sich,
Im Trocknen, Feuchten, Warmen, Kalten!
Hätt ich mir nicht die Flamme vorbehalten,
Ich hätte nichts Aparts für mich.

FAUST. So setzest du der ewig regen,
Der heilsam schaffenden Gewalt
Die kalte Teufelsfaust entgegen,
Die sich vergebens tückisch ballt!
Was anders suche zu beginnen,
Des Chaos wunderlicher Sohn!

MEPHIST. Wir wollen wirklich uns besinnen,
Die nächsten Male mehr davon!
Dürft ich wohl diesmal mich entfernen?

FAUST. Ich sehe nicht, warum du fragst.
Ich habe jetzt dich kennen lernen,
Besuche nun mich, wie du magst.
Hier ist das Fenster, hier die Türe,
Ein Rauchfang ist dir auch gewiß.

MEPHIST. Gesteh ichs nur! Daß ich hinausspaziere,
Verbietet mir ein kleines Hindernis:
Der Drudenfuß auf Eurer Schwelle –

FAUST. Das Pentagramma macht dir Pein?
Ei sage mir, du Sohn der Hölle:
Wenn das dich bannt, wie kamst du denn herein?
Wie ward ein solcher Geist betrogen?

MEPHIST. Beschaut es recht! es ist nicht gut gezogen:
Der eine Winkel, der nach außen zu,
Ist, wie du siehst, ein wenig offen.

FAUST. Das hat der Zufall gut getroffen!
Und mein Gefangner wärst denn du?
Das ist von ungefähr gelungen!

MEPHIST. Der Pudel merkte nichts, als er hereingesprungen;
Die Sache sieht jetzt anders aus:

Der Teufel kann nicht aus dem Haus.

FAUST. Doch warum gehst du nicht durchs Fenster?

MEPHIST. 's ist ein Gesetz der Teufel und Gespenster:
Wo sie hereingeschlüpft, da müssen sie hinaus.
Das erste steht uns frei, beim zweiten sind wir Knechte.

FAUST. Die Hölle selbst hat ihre Rechte?
Das find ich gut, da ließe sich ein Pakt,
Und sicher wohl, mit euch, ihr Herren, schließen?

MEPHIST. Was man verspricht, das sollst du rein genießen,
Dir wird davon nichts abgezwackt.
Doch das ist nicht so kurz zu fassen,
Und wir besprechen das zunächst;
Doch jetzo bitt ich hoch und höchst,
Für dieses Mal mich zu entlassen.

FAUST. So bleibe doch noch einen Augenblick,
Um mir erst gute Mär zu sagen!

MEPHIST. Jetzt laß mich los! ich komme bald zurück;
Dann magst du nach Belieben fragen.

FAUST. Ich habe dir nicht nachgestellt,
Bist du doch selbst ins Garn gegangen.
Den Teufel halte, wer ihn hält!
Er wird ihn nicht so bald zum zweiten Male fangen.

MEPHIST. Wenn dirs beliebt, so bin ich auch bereit,
Dir zur Gesellschaft hier zu bleiben;
Doch mit Bedingnis, dir die Zeit
Durch meine Künste würdig zu vertreiben.

FAUST. Ich seh es gern, das steht dir frei;
Nur daß die Kunst gefällig sei!

MEPHIST. Du wirst, mein Freund, für deine Sinnen
In dieser Stunde mehr gewinnen
Als in des Jahres Einerlei.
Was dir die zarten Geister singen,
Die schönen Bilder, die sie bringen,
Sind nicht ein leeres Zauberspiel.

Auch dein Geruch wird sich ergetzen,
Dann wirst du deinen Gaumen letzen,
Und dann entzückt sich dein Gefühl.
Bereitung braucht es nicht voran,
Beisammen sind wir, fanget an!

GEISTER.

Schwindet, ihr dunkeln
Wölbungen droben!
Reizender schaue
Freundlich der blaue
Äther herein!
Währen die dunkeln
Wolken zerronnen!
Sternelein funkeln,
Mildere Sonnen
Scheinen darein.
Himmlischer Söhne
Geistige Schöne,
Schwankende Beugung
Schwebet vorüber.
Sehnende Neigung
Folget hinüber;
Und der Gewänder
Flatternde Bänder
Decken die Länder,
Decken die Laube,
Wo sich fürs Leben,
Tief in Gedanken,
Liebende geben.
Laube bei Laube!
Sprossende Ranken!
Lastende Traube
Stürzt ins Behälter

Drängender Kelter,
Stürzen in Bächen
Schäumende Weine,
Rieseln durch reine,
Edle Gesteine,
Lassen die Höhen
Hinter sich liegen,
Breiten zu Seeen
Sich ums Genügen
Grünender Hügel.
Und das Geflügel
Schlürfet sich Wonne,
Flieget der Sonne,
Flieget den hellen
Inseln entgegen,
Die sich auf Wellen
Gauklend bewegen;
Wo wir in Chören
Jauchzende hören,
Über den Auen
Tanzende schauen,
Die sich im Freien
Alle zerstreuen.
Einige klimmen
Über die Höhen,
Andere schwimmen
Über die Seen,
Andere schweben;
Alle zum Leben,
Alle zur Ferne
Liebender Sterne,
Seliger Huld.

MEPHISTOPHELES.

  Er schläft! So recht, ihr luftgen, zarten Jungen!
Ihr habt ihn treulich eingesungen!
Für dies Konzert bin ich in eurer Schuld.
Du bist noch nicht der Mann, den Teufel festzuhalten!
Umgaukelt ihn mit süßen Traumgestalten,
Versenkt ihn in ein Meer des Wahns;
Doch dieser Schwelle Zauber zu zerspalten,
Bedarf ich eines Rattenzahns.
Nicht lange brauch ich zu beschwören:
Schon raschelt eine hier und wird sogleich mich hören.
Der Herr der Ratten und der Mäuse,
Der Fliegen, Frösche, Wanzen, Läuse,
Befiehlt dir, dich hervorzuwagen
Und diese Schwelle zu benagen,
So wie er sie mit Öl betupft –
Da kommst du schon hervorgehupft!
Nur frisch ans Werk! Die Spitze, die mich bannte,
Sie sitzt ganz vornen an der Kante.
Noch einen Biß, so ists geschehn. –
Nun, Fauste, träume fort, bis wir uns wiedersehn!

FAUST *erwachend.*

  Bin ich denn abermals betrogen?
Verschwindet so der geisterreiche Drang,
Daß mir ein Traum den Teufel vorgelogen
Und daß ein Pudel mir entsprang?

STUDIERZIMMER
Faust, Mephistopheles.

FAUST. Es klopft? Herein! Wer will mich wieder plagen?
MEPHIST. Ich bins.

FAUST.   Herein!

MEPHISTOPHELES.   Du mußt es dreimal sagen.

FAUST. Herein denn!

MEPHISTOPHELES.   So gefällst du mir!
    Wir werden, hoff ich, uns vertragen;
    Denn dir die Grillen zu verjagen,
    Bin ich als edler Junker hier,
    In rotem, goldverbrämtem Kleide,
    Das Mäntelchen von starrer Seide,
    Die Hahnenfeder auf dem Hut,
    Mit einem langen, spitzen Degen, –
    Und rate nun dir kurz und gut,
    Dergleichen gleichfalls anzulege
    Damit du, losgebunden, frei,
    Erfahrest, was das Leben sei.

FAUST. In jedem Kleide werd ich wohl die Pein
    Des engen Erdelebens fühlen.
    Ich bin zu alt, um nur zu spielen,
    Zu jung, um ohne Wunsch zu sein.
    Was kann die Welt mir wohl gewähren?
    Entbehren sollst du! sollst entbehren!
    Das ist der ewige Gesang,
    Der jedem an die Ohren klingt,
    Den, unser ganzes Leben lang,
    Uns heiser jede Stunde singt.
    Nur mit Entsetzen wach ich morgens auf,
    Ich möchte bittre Tränen weinen,
    Den Tag zu sehn, der mir in seinem Lauf
    Nicht Einen Wunsch erfüllen wird, nicht Einen,
    Der selbst die Ahnung jeder Lust
    Mit eigensinnigem Krittel mindert,
    Die Schöpfung meiner regen Brust
    Mit tausend Lebensfratzen hindert.
    Auch muß ich, wenn die Nacht sich niedersenkt,

Mich ängstlich auf das Lager strecken;
Auch da wird keine Rast geschenkt,
Mich werden wilde Träume schrecken.
Der Gott, der mir im Busen wohnt,
Kann tief mein Innerstes erregen;
Der über allen meinen Kräften thront,
Er kann nach außen nichts bewegen.
Und so ist mir das Dasein eine Last,
Der Tod erwünscht, das Leben mir verhaßt.

MEPHISTOPHELES.

Und doch ist nie der Tod ein ganz willkommner Gast.

FAUST. O selig der, dem er im Siegesglanze
Die blutgen Lorbeern um die Schläfe windet,
Den er, nach rasch durchrastem Tanze,
In eines Mädchens Armen findet!
O wär ich vor des hohen Geistes Kraft
Entzückt, entseelt dahingesunken!

MEPHIST. Und doch hat jemand einen braunen Saft,
In jener Nacht, nicht ausgetrunken!

FAUST. Das Spionieren, scheints, ist deine Lust.

MEPHIST. Allwissend bin ich nicht; doch viel ist mir bewußt.

FAUST. Wenn aus dem schrecklichen Gewühle
Ein süß-bekannter Ton mich zog,
Den Rest von kindlichem Gefühle
Mit Anklang froher Zeit betrog, –
So fluch ich allem, was die Seele
Mit Lock- und Gaukelwerk umspannt
Und sie in diese Trauerhöhle
Mit Blend- und Schmeichelkräften bannt!
Verflucht voraus die hohe Meinung,
Womit der Geist sich selbst umfängt!
Verflucht das Blenden der Erscheinung,
Die sich an unsre Sinne drängt!
Verflucht, was uns in Träumen heuchelt,

Des Ruhms, der Namensdauer Trug!
Verflucht, was als Besitz uns schmeichelt,
Als Weib und Kind, als Knecht und Pflug!
Verflucht sei Mammon, wenn mit Schätzen
Er uns zu kühnen Taten regt,
Wenn er zu müßigem Ergetzen
Die Polster uns zurechte legt!
Fluch sei dem Balsamsaft der Trauben!
Fluch jener höchsten Liebeshuld!
Fluch sei der Hoffnung! Fluch dem Glauben,
Und Fluch vor allen der Geduld!

GEISTERCHOR *unsichtbar.*

Weh! weh!
Du hast sie zerstört,
Die schöne Welt,
Mit mächtiger Faust;
Sie stürzt, sie zerfällt!
Ein Halbgott hat sie zerschlagen!
Wir tragen
Die Trümmern ins Nichts hinüber
Und klagen
Über die verlorne Schöne.
Mächtiger
Der Erdensöhne,
Prächtiger
Baue sie wieder,
In deinem Busen baue sie auf!
Neuen Lebenslauf
Beginne
Mit hellem Sinne,
Und neue Lieder
Tönen darauf!

MEPHISTOPHELES.
> Dies sind die Kleinen
> Von den Meinen.
> Höre, wie zu Lust und Taten
> Altklug sie raten!
> In die Welt weit,
> Aus der Einsamkeit,
> Wo Sinnen und Säfte stocken,
> Wollen sie dich locken.
> Hör auf, mit deinem Gram zu spielen,
> Der wie ein Geier dir am Leben frißt!
> Die schlechteste Gesellschaft läßt dich fühlen,
> Daß du ein Mensch mit Menschen bist.
> Doch so ists nicht gemeint,
> Dich unter das Pack zu stoßen.
> Ich bin keiner von den Großen;
> Doch willst du mit mir vereint
> Deine Schritte durchs Leben nehmen,
> So will ich mich gern bequemen,
> Dein zu sein, auf der Stelle.
> Ich bin dein Geselle,
> Und mach ich dirs recht,
> Bin ich dein Diener, bin dein Knecht!

FAUST. Und was soll ich dagegen dir erfüllen?

MEPHIST. Dazu hast du noch eine lange Frist.

FAUST. Nein, nein! der Teufel ist ein Egoist
> Und tut nicht leicht um Gottes willen,
> Was einem andern nützlich ist.
> Sprich die Bedingung deutlich aus!
> Ein solcher Diener bringt Gefahr ins Haus.

MEPHIST. Ich will mich *hier* zu deinem Dienst verbinden,
> Auf deinen Wink nicht rasten und nicht ruhn;
> Wenn wir uns *drüben* wiederfinden,
> So sollst du mir das Gleiche tun.

FAUST. Das Drüben kann mich wenig kümmern;
Schlägst du erst diese Welt zu Trümmern,
Die andre mag darnach entstehn.
Aus dieser Erde quillen meine Freuden,
Und diese Sonne scheinet meinen Leiden;
Kann ich mich erst von ihnen scheiden,
Dann mag, was will und kann, geschehn.
Davon will ich nichts weiter hören,
Ob man auch künftig haßt und liebt
Und ob es auch in jenen Sphären
Ein Oben oder Unten gibt.

MEPHIST. In diesem Sinne kannst du's wagen.
Verbinde dich! du sollst in diesen Tagen
Mit Freuden meine Künste sehn;
Ich gebe dir, was noch kein Mensch gesehn.

FAUST. Was willst du armer Teufel geben?
Ward eines Menschen Geist in seinem hohen Streben
Von deinesgleichen je gefaßt?
Doch hast du Speise, die nicht sättigt? hast
Du rotes Gold, das ohne Rast,
Quecksilber gleich, dir in der Hand zerrinnt?
Ein Spiel, bei dem man nie gewinnt?
Ein Mädchen, das an meiner Brust
Mit Äugeln schon dem Nachbar sich verbindet?
Der Ehre schöne Götterlust,
Die wie ein Meteor verschwindet?
Zeig mir die Frucht, die fault, eh man sie bricht,
Und Bäume, die sich täglich neu begrünen!

MEPHIST. Ein solcher Auftrag schreckt mich nicht,
Mit solchen Schätzen kann ich dienen.
Doch, guter Freund, die Zeit kommt auch heran,
Wo wir was Guts in Ruhe schmausen mögen.

FAUST. Werd ich beruhigt je mich auf ein Faulbett legen,
So sei es gleich um mich getan!

Kannst du mich schmeichelnd je belügen,
Daß ich mir selbst gefallen mag,
Kannst du mich mit Genuß betrügen –
Das sei für mich der letzte Tag!
Die Wette biet ich!

MEPHISTOPHELES. Topp!

FAUST.   Und Schlag auf Schlag!
Werd ich zum Augenblicke sagen:
Verweile doch! du bist so schön!
Dann magst du mich in Fesseln schlagen,
Dann will ich gern zugrunde gehn!
Dann mag die Totenglocke schallen,
Dann bist du deines Dienstes frei,
Die Uhr mag stehn, der Zeiger fallen,
Es sei die Zeit für mich vorbei!

MEPHIST. Bedenk es wohl! wir werdens nicht vergessen.

FAUST. Dazu hast du ein volles Recht;
Ich habe mich nicht freventlich vermessen.
Wie ich beharre, bin ich Knecht,
Ob dein, was frag ich, oder wessen.

MEPHIST. Ich werde heute gleich, beim Doktorschmaus,
Als Diener meine Pflicht erfüllen.
Nur eins! – Um Lebens oder Sterbens willen
Bitt ich mir ein paar Zeilen aus.

FAUST. Auch was Geschriebnes forderst du Pedant?
Hast du noch keinen Mann, nicht Manneswort gekannt?
Ists nicht genug, daß mein gesprochnes Wort
Auf ewig soll mit meinen Tagen schalten?
Rast nicht die Welt in allen Strömen fort,
Und mich soll ein Versprechen halten?
Doch dieser Wahn ist uns ins Herz gelegt,
Wer mag sich gern davon befreien?
Beglückt, wer Treue rein im Busen trägt,
Kein Opfer wird ihn je gereuen!

Allein ein Pergament, beschrieben und beprägt,
Ist ein Gespenst, vor dem sich alle scheuen.
Das Wort erstirbt schon in der Feder,
Die Herrschaft führen Wachs und Leder. –
Was willst du böser Geist von mir?
Erz, Marmor, Pergament, Papier?
Soll ich mit Griffel, Meißel, Feder schreiben?
Ich gebe jede Wahl dir frei.

MEPHIST. Wie magst du deine Rednerei
Nur gleich so hitzig übertreiben?
Ist doch ein jedes Blättchen gut.
Du unterzeichnest dich mit einem Tröpfchen Blut.

FAUST. Wenn dies dir völlig Gnüge tut,
So mag es bei der Fratze bleiben.

MEPHIST. Blut ist ein ganz besondrer Saft.

FAUST. Nur keine Furcht, daß ich dies Bündnis breche!
Das Streben meiner ganzen Kraft
Ist grade das, was ich verspreche.
Ich habe mich zu hoch gebläht,
In deinen Rang gehör ich nur.
Der große Geist hat mich verschmäht,
Vor mir verschließt sich die Natur.
Des Denkens Faden ist zerrissen,
Mir ekelt lange vor allem Wissen.
Laß in den Tiefen der Sinnlichkeit
Uns glühende Leidenschaften stillen!
In undurchdrungnen Zauberhüllen
Sei jedes Wunder gleich bereit!
Stürzen wir uns in das Rauschen der Zeit,
Ins Rollen der Begebenheit!
Da mag denn Schmerz und Genuß,
Gelingen und Verdruß
Miteinander wechseln, wie es kann:
Nur rastlos betätigt sich der Mann.

MEPHIST. Euch ist kein Maß und Ziel gesetzt.
Beliebts Euch, überall zu naschen,
Im Fliehen etwas zu erhaschen,
Bekomm Euch wohl, was Euch ergetzt.
Nur greift mir zu und seid nicht blöde!
FAUST. Du hörest ja: von Freud ist nicht die Rede.
Dem Taumel weih ich mich, dem schmerzlichsten Genuß,
Verliebtem Haß, erquickendem Verdruß.
Mein Busen, der vom Wissensdrang geheilt ist,
Soll keinen Schmerzen künftig sich verschließen,
Und was der ganzen Menschheit zugeteilt ist,
Will ich in meinem innern Selbst genießen,
Mit meinem Geist das Höchst' und Tiefste greifen,
Ihr Wohl und Weh auf meinen Busen häufen,
Und so mein eigen Selbst zu ihrem Selbst erweitern
Und, wie sie selbst, am End auch ich zerscheitern!
MEPHIST. O glaube mir, der manche tausend Jahre
An dieser harten Speise kaut,
Daß von der Wiege bis zur Bahre
Kein Mensch den alten Sauerteig verdaut!
Glaub unsereinem: dieses Ganze
Ist nur für einen Gott gemacht!
Er findet sich in einem ewgen Glanze,
Uns hat er in die Finsternis gebracht,
Und euch taugt einzig Tag und Nacht.
FAUST. Allein ich will!
MEPHISTOPHELES.   Das läßt sich hören!
Doch nur vor Einem ist mir bang:
Die Zeit ist kurz, die Kunst ist lang.
Ich dächt, Ihr ließet Euch belehren.
Assoziiert Euch mit einem Poeten,
Laßt den Herrn in Gedanken schweifen
Und alle edlen Qualitäten
Auf Euren Ehrenscheitel häufen:

Des Löwen Mut,
Des Hirsches Schnelligkeit,
Des Italieners feurig Blut,
Des Nordens Daurbarkeit.
Laßt ihn Euch das Geheimnis finden,
Großmut und Arglist zu verbinden
Und Euch mit warmen Jugendtrieben
Nach einem Plane zu verlieben.
Möchte selbst solch einen Herren kennen:
Würd ihn Herrn Mikrokosmus nennen.

FAUST. Was bin ich denn, wenn es nicht möglich ist,
Der Menschheit Krone zu erringen,
Nach der sich alle Sinne dringen?

MEPHIST. Du bist am Ende – was du bist.
Setz dir Perücken auf von Millionen Locken,
Setz deinen Fuß auf ellenhohe Socken,
Du bleibst doch immer, was du bist.

FAUST. Ich fühls, vergebens hab ich alle Schätze
Des Menschengeists auf mich herbeigerafft,
Und wenn ich mich am Ende niedersetze,
Quillt innerlich doch keine neue Kraft;
Ich bin nicht um ein Haar breit höher,
Bin dem Unendlichen nicht näher.

MEPHIST. Mein guter Herr, Ihr seht die Sachen,
Wie man die Sachen eben sieht;
Wir müssen das gescheiter machen,
Eh uns des Lebens Freude flieht.
Was Henker! freilich Händ und Füße
Und Kopf und H——, die sind dein;
Doch alles, was ich frisch genieße,
Ist das drum weniger mein?
Wenn ich sechs Hengste zahlen kann,
Sind ihre Kräfte nicht die meine?
Ich renne zu und bin ein rechter Mann,

Als hätt ich vierundzwanzig Beine.
Drum frisch! laß alles Sinnen sein,
Und grad mit in die Welt hinein!
Ich sag es dir: ein Kerl, der spekuliert,
Ist wie ein Tier, auf dürrer Heide
Von einem bösen Geist im Kreis herumgeführt,
Und rings umher liegt schöne, grüne Weide.

FAUST. Wie fangen wir das an?

MEPHISTOPHELES. Wir gehen eben fort.
Was ist das für ein Marterort!
Was heißt das für ein Leben führen,
Sich und die Jungens ennuyieren!
Laß du das dem Herrn Nachbar Wanst!
Was willst du dich das Stroh zu dreschen plagen?
Das Beste, was du wissen kannst,
Darfst du den Buben doch nicht sagen. –
Gleich hör ich einen auf dem Gange!

FAUST. Mir ists nicht möglich, ihn zu sehn.

MEPHIST. Der arme Knabe wartet lange,
Der darf nicht ungetröstet gehn.
Komm, gib mir deinen Rock und Mütze!
Die Maske muß mir köstlich stehn.
Er kleidet sich um.
Nun überlaß es meinem Witze!
Ich brauche nur ein Viertelstündchen Zeit;
Indessen mache dich zur schönen Fahrt bereit!
Faust ab.

MEPHISTOPHELES *in Fausts langem Kleide.*
Verachte nur Vernunft und Wissenschaft,
Des Menschen allerhöchste Kraft,
Laß nur in Blend- und Zauberwerken
Dich von dem Lügengeist bestärken,
So hab ich dich schon unbedingt! –
Ihm hat das Schicksal einen Geist gegeben,

Der ungebändigt immer vorwärts dringt
Und dessen übereiltes Streben
Der Erde Freuden überspringt.
Den schlepp ich durch das wilde Leben,
Durch flache Unbedeutenheit,
Er soll mir zappeln, starren, kleben,
Und seiner Unersättlichkeit
Soll Speis und Trank vor giergen Lippen schweben,
Er wird Erquickung sich umsonst erflehn;
Und hätt er sich auch nicht dem Teufel übergeben,
Er müßte doch zugrunde gehn!
Ein Schüler tritt auf.

SCHÜLER. Ich bin allhier erst kurze Zeit
Und komme voll Ergebenheit,
Einen Mann zu sprechen und zu kennen,
Den alle mir mit Ehrfurcht nennen.
MEPHIST. Eure Höflichkeit erfreut mich sehr!
Ihr seht einen Mann wie andre mehr.
Habt Ihr Euch sonst schon umgetan?
SCHÜLER. Ich bitt Euch, nehmt Euch meiner an!
Ich komme mit allem guten Mut,
Leidlichem Geld und frischem Blut;
Meine Mutter wollte mich kaum entfernen;
Möchte gern was Rechts hieraußen lernen.
MEPHIST. Da seid Ihr eben recht am Ort.
SCHÜLER. Aufrichtig, möchte schon wieder fort:
In diesen Mauern, diesen Hallen
Will es mir keineswegs gefallen.
Es ist ein gar beschränkter Raum,
Man sieht nichts Grünes, keinen Baum,
Und in den Sälen, auf den Bänken
Vergeht mir Hören, Sehn und Denken.
MEPHIST. Das kommt nur auf Gewohnheit an.
So nimmt ein Kind der Mutter Brust

Nicht gleich im Anfang willig an,
Doch bald ernährt es sich mit Lust.
So wirds Euch an der Weisheit Brüsten
Mit jedem Tage mehr gelüsten.

SCHÜLER. An ihrem Hals will ich mit Freuden hangen;
Doch sagt mir nur: wie kann ich hingelangen?

MEPHIST. Erklärt Euch, eh Ihr weiter geht,
Was wählt Ihr für eine Fakultät?

SCHÜLER. Ich wünschte recht gelehrt zu werden,
Und möchte gern, was auf der Erden
Und in dem Himmel ist, erfassen,
Die Wissenschaft und die Natur.

MEPHIST. Da seid Ihr auf der rechten Spur;
Doch müßt Ihr Euch nicht zerstreuen lassen.

SCHÜLER. Ich bin dabei mit Seel und Leib;
Doch freilich würde mir behagen
Ein wenig Freiheit und Zeitvertreib
An schönen Sommerfeiertagen.

MEPHIST. Gebraucht der Zeit, sie geht so schnell von hinnen!
Doch Ordnung lehrt Euch Zeit gewinnen.
Mein teurer Freund, ich rat Euch drum
Zuerst Collegium Logicum.
Da wird der Geist Euch wohl dressiert,
In Spanische Stiefeln eingeschnürt,
Daß er bedächtiger so fortan
Hinschleiche die Gedankenbahn
Und nicht etwa, die Kreuz und Quer,
Irrlichteliere hin und her.
Dann lehret man Euch manchen Tag,
Daß, was Ihr sonst auf Einen Schlag
Getrieben, wie Essen und Trinken frei,
Eins! Zwei! *Drei!* dazu nötig sei.
Zwar ists mit der Gedankenfabrik
Wie mit einem Webermeisterstück,

Wo Ein Tritt tausend Fäden regt,
Die Schifflein herüber hinüber schießen,
Die Fäden ungesehen fließen,
Ein Schlag tausend Verbindungen schlägt.
Der Philosoph, der tritt herein
Und beweist Euch, es müßt so sein:
Das Erst wär so, das Zweite so,
Und drum das Dritt und Vierte so,
Und wenn das Erst und Zweit nicht wär,
Das Dritt und Viert wär nimmermehr.
Das preisen die Schüler aller Orten,
Sind aber keine Weber geworden.
Wer will was Lebendigs erkennen und beschreiben,
Sucht erst den Geist herauszutreiben,
Dann hat er die Teile in seiner Hand,
Fehlt, leider! nur das geistige Band.
Encheiresin naturae nennts die Chemie,
Spottet ihrer selbst und weiß nicht wie.
SCHÜLER. Kann Euch nicht eben ganz verstehen.
MEPHIST. Das wird nächstens schon besser gehen,
    Wenn Ihr lernt alles reduzieren
    Und gehörig klassifizieren.
SCHÜLER. Mir wird von alle dem so dumm,
    Als ging' mir ein Mühlrad im Kopf herum.
MEPHIST. Nachher, vor allen andern Sachen,
    Müßt Ihr Euch an die Metaphysik machen!
    Da seht, daß Ihr tiefsinnig faßt,
    Was in des Menschen Hirn nicht paßt;
    Für was drein geht und nicht drein geht,
    Ein prächtig Wort zu Diensten steht.
    Doch vorerst dieses halbe Jahr
    Nehmt ja der besten Ordnung wahr!
    Fünf Stunden habt Ihr jeden Tag;
    Seid drinnen mit dem Glockenschlag!

Habt Euch vorher wohl präpariert,
Paragraphos wohl einstudiert,
Damit Ihr nachher besser seht,
Daß er nichts sagt, als was im Buche steht;
Doch Euch des Schreibens ja befleißt,
Als diktiert' Euch der Heilig Geist!

SCHÜLER. Das sollt Ihr mir nicht zweimal sagen!
Ich denke mir, wie viel es nützt;
Denn was man schwarz auf weiß besitzt,
Kann man getrost nach Hause tragen.

MEPHIST. Doch wählt mir eine Fakultät!

SCHÜLER.
Zur Rechtsgelehrsamkeit kann ich mich nicht bequemen.

MEPHIST. Ich kann es Euch so sehr nicht übelnehmen,
Ich weiß, wie es um diese Lehre steht.
Es erben sich Gesetz' und Rechte
Wie eine ewge Krankheit fort;
Sie schleppen von Geschlecht sich zum Geschlechte
Und rücken sacht von Ort zu Ort.
Vernunft wird Unsinn, Wohltat Plage;
Weh dir, daß du ein Enkel bist!
Vom Rechte, das mit uns geboren ist,
Von dem ist, leider! nie die Frage.

SCHÜLER. Mein Abscheu wird durch Euch vermehrt.
O glücklich der, den Ihr belehrt!
Fast möcht ich nun Theologie studieren.

MEPHIST. Ich wünschte nicht, Euch irrezuführen.
Was diese Wissenschaft betrifft,
Es ist so schwer, den falschen Weg zu meiden;
Es liegt in ihr so viel verborgnes Gift,
Und von der Arzenei ists kaum zu unterscheiden.
Am besten ists auch hier, wenn Ihr nur Einen hört
Und auf des Meisters Worte schwört.
Im ganzen: haltet Euch an Worte!

Dann geht Ihr durch die sichre Pforte
Zum Tempel der Gewißheit ein.

SCHÜLER. Doch ein Begriff muß bei dem Worte sein.

MEPHISTOPHELES.

Schon gut! Nur muß man sich nicht allzu ängstlich quälen;
Denn eben, wo Begriffe fehlen,
Da stellt ein Wort zur rechten Zeit sich ein.
Mit Worten läßt sich trefflich streiten,
Mit Worten ein System bereiten,
An Worte läßt sich trefflich glauben,
Von einem Wort läßt sich kein Jota rauben.

SCHÜLER. Verzeiht, ich halt Euch auf mit vielen Fragen,
Allein ich muß Euch noch bemühn.
Wollt Ihr mir von der Medizin
Nicht auch ein kräftig Wörtchen sagen?
Drei Jahr ist eine kurze Zeit,
Und, Gott! das Feld ist gar zu weit.
Wenn man einen Fingerzeig nur hat,
Läßt sichs schon eher weiter fühlen.

MEPHISTOPHELES *für sich.*

Ich bin des trocknen Tons nun satt,
Muß wieder recht den Teufel spielen.
Laut.
Der Geist der Medizin ist leicht zu fassen;
Ihr durchstudiert die groß' und kleine Welt,
Um es am Ende gehn zu lassen,
Wie's Gott gefällt.
Vergebens, daß Ihr ringsum wissenschaftlich schweift,
Ein jeder lernt nur, was er lernen kann;
Doch der den Augenblick ergreift,
Das ist der rechte Mann.
Ihr seid noch ziemlich wohl gebaut,
An Kühnheit wirds Euch auch nicht fehlen,
Und wenn Ihr Euch nur selbst vertraut,

Vertrauen Euch die andern Seelen.
Besonders lernt die Weiber führen!
Es ist ihr ewig Weh und Ach,
So tausendfach,
Aus Einem Punkte zu kurieren,
Und wenn Ihr halbweg ehrbar tut,
Dann habt Ihr sie all unterm Hut.
Ein Titel muß sie erst vertraulich machen,
Daß Eure Kunst viel Künste übersteigt;
Zum Willkomm tappt Ihr dann nach allen Siebensachen,
Um die ein andrer viele Jahre streicht,
Versteht das Pülslein wohl zu drücken
Und fasset sie, mit feurig-schlauen Blicken,
Wohl um die schlanke Hüfte frei,
Zu sehn, wie fest geschnürt sie sei.

SCHÜLER.
Das sieht schon besser aus! Man sieht doch wo und wie.

MEPHIST. Grau, teurer Freund, ist alle Theorie
Und grün des Lebens goldner Baum.

SCHÜLER. Ich schwör Euch zu: mir ists als wie ein Traum!
Dürft ich Euch wohl ein ander Mal beschweren,
Von Eurer Weisheit auf den Grund zu hören?

MEPHIST. Was ich vermag, soll gern geschehn.

SCHÜLER. Ich kann unmöglich wieder gehn,
Ich muß Euch noch mein Stammbuch überreichen;
Gönn Eure Gunst mir dieses Zeichen!

MEPHISTOPHELES. Sehr wohl. *Er schreibt und gibts.*

SCHÜLER *liest.*
    ›*Eritis sicut Deus, scientes bonum et malum.*‹
    Machts ehrerbietig zu und empfiehlt sich.

MEPHISTOPHELES.
Folg nur dem alten Spruch und meiner Muhme,
                                    [der Schlange!
Dir wird gewiß einmal bei deiner Gottähnlichkeit bange!

Faust tritt auf.

FAUST. Wohin soll es nun gehn?

MEPHISTOPHELES.   Wohin es dir gefällt!
  Wir sehn die kleine, dann die große Welt.
  Mit welcher Freude, welchem Nutzen
  Wirst du den Cursum durchschmarutzen!

FAUST. Allein bei meinem langen Bart
  Fehlt mir die leichte Lebensart.
  Es wird mir der Versuch nicht glücken;
  Ich wußte nie mich in die Welt zu schicken.
  Vor andern fühl ich mich so klein;
  Ich werde stets verlegen sein.

MEPHIST. Mein guter Freund, das wird sich alles geben;
  Sobald du dir vertraust, sobald weißt du zu leben.

FAUST. Wie kommen wir denn aus dem Haus?
  Wo hast du Pferde, Knecht und Wagen?

MEPHIST. Wir breiten nur den Mantel aus,
  Der soll uns durch die Lüfte tragen.
  Du nimmst bei diesem kühnen Schritt
  Nur keinen großen Bündel mit.
  Ein bißchen Feuerluft, die ich bereiten werde,
  Hebt uns behend von dieser Erde,
  Und sind wir leicht, so geht es schnell hinauf, –
  Ich gratuliere dir zum neuen Lebenslauf.

AUERBACHS KELLER IN LEIPZIG
Zeche lustiger Gesellen.

FROSCH. Will keiner trinken? keiner lachen?
  Ich will euch lehren Gesichter machen!
  Ihr seid ja heut wie nasses Stroh
  Und brennt sonst immer lichterloh.

BRANDER. Das liegt an dir; du bringst ja nichts herbei,

Nicht eine Dummheit, keine Sauerei.
FROSCH *gießt ihm ein Glas Wein über den Kopf.*
Da hast du beides!
BRANDER.   Doppelt Schwein!
FROSCH. Ihr wollt es ja, man soll es sein!
SIEBEL. Zur Tür hinaus, wer sich entzweit!
Mit offner Brust singt Runda, sauft und schreit!
Auf! holla! ho!
ALTMAYER.   Weh mir, ich bin verloren!
Baumwolle her! der Kerl sprengt mir die Ohren.
SIEBEL. Wenn das Gewölbe widerschallt,
Fühlt man erst recht des Basses Grundgewalt.
FROSCH.
So recht! hinaus mit dem, der etwas übelnimmt!
A! tara lara da!
ALTMAYER.   A! tara lara da!
FROSCH.   Die Kehlen sind gestimmt!
Singt.
Das liebe Heilge Römsche Reich,
Wie hälts nur noch zusammen?
BRANDER.
Ein garsti Lied! Pfui! ein politisch Lied
Ein leidig Lied! Dankt Gott mit jedem Morgen,
Daß ihr nicht braucht fürs Römsche Reich zu sorgen!
Ich halt es wenigstens für reichlichen Gewinn,
Daß ich nicht Kaiser oder Kanzler bin.
Doch muß auch uns ein Oberhaupt nicht fehlen:
Wir wollen einen Papst erwählen.
Ihr wißt, welch eine Qualität
Den Ausschlag gibt, den Mann erhöht.
FROSCH *singt.*
Schwing dich auf, Frau Nachtigall,
Grüß mir mein Liebchen zehentausendmal!

SIEBEL.

Dem Liebchen keinen Gruß! ich will davon nichts hören!

FROSCH.

Dem Liebchen Gruß und Kuß! du wirst mirs nicht
                                    [verwehren!

Singt.

Riegel auf! in stiller Nacht.

Riegel auf! der Liebste wacht.

Riegel zu! des Morgens früh.

SIEBEL. Ja, singe, singe nur und lob und rühme sie!

Ich will zu meiner Zeit schon lachen.

Sie hat mich angeführt, dir wird sie's auch so machen.

Zum Liebsten sei ein Kobold ihr beschert,

Der mag mit ihr auf einem Kreuzweg schäkern!

Ein alter Bock, wenn er vom Blocksberg kehrt,

Mag im Galopp noch gute Nacht ihr meckern!

Ein braver Kerl von echtem Fleisch und Blut

Ist für die Dirne viel zu gut.

Ich will von keinem Gruße wissen,

Als ihr die Fenster eingeschmissen!

BRANDER *auf den Tisch schlagend.*

Paßt auf! paßt auf! gehorchet mir!

Ihr Herrn, gesteht, ich weiß zu leben!

Verliebte Leute sitzen hier,

Und diesen muß nach Standsgebühr

Zur guten Nacht ich was zum besten geben.

Gebt acht! Ein Lied vom neusten Schnitt!

Und singt den Rundreim kräftig mit!

Er singt.

Es war eine Ratt im Kellernest,

Lebte nur von Fett und Butter,

Hatte sich ein Ränzlein angemäst

Als wie der Doktor Luther.

Die Köchin hatt ihr Gift gestellt;

Da wards so eng ihr in der Welt,
Als hätte sie Lieb im Leibe.

CHORUS *jauchzend.*

Als hätte sie Lieb im Leibe!

BRANDER.

Sie fuhr herum, sie fuhr heraus
Und soff aus allen Pfützen,
Zernagt', zerkratzt' das ganze Haus,
Wollt nichts ihr Wüten nützen;
Sie tät gar manchen Ängstesprung,
Bald hatte das arme Tier genung,
Als hätt es Lieb im Leibe.

CHORUS.

Als hätt es Lieb im Leibe!

BRANDER.

Sie kam vor Angst am hellen Tag
Der Küche zugelaufen,
Fiel an den Herd und zuckt' und lag
Und tät erbärmlich schnaufen.
Da lachte die Vergifterin noch:
›Ha! sie pfeift auf dem letzten Loch,
Als hätte sie Lieb im Leibe.‹

CHORUS.

Als hätte sie Lieb im Leibe!

SIEBEL. Wie sich die platten Bursche freuen!
Es ist mir eine rechte Kunst,
Den armen Ratten Gift zu streuen!

BRANDER. Sie stehn wohl sehr in deiner Gunst?

ALTMAYER. Der Schmerbauch mit der kahlen Platte!
Das Unglück macht ihn zahm und mild;
Er sieht in der geschwollnen Ratte
Sein ganz natürlich Ebenbild.

Faust und Mephistopheles.

MEPHIST. Ich muß dich nun vor allen Dingen

In lustige Gesellschaft bringen,
Damit du siehst, wie leicht sichs leben läßt.
Dem Volke hier wird jeder Tag ein Fest.
Mit wenig Witz und viel Behagen
Dreht jeder sich im engen Zirkeltanz,
Wie junge Katzen mit dem Schwanz.
Wenn sie nicht über Kopfweh klagen,
Solang der Wirt nur weiter borgt,
Sind sie vergnügt und unbesorgt.

BRANDER. Die kommen eben von der Reise,
Man siehts an ihrer wunderlichen Weise;
Sie sind nicht eine Stunde hier.

FROSCH.
Wahrhaftig, du hast recht! Mein Leipzig lob ich mir!
Es ist ein klein Paris und bildet seine Leute.

SIEBEL. Für was siehst du die Fremden an?

FROSCH. Laßt mich nur gehn! Bei einem vollen Glase
Zieh ich, wie einen Kinderzahn,
Den Burschen leicht die Würmer aus der Nase.
Sie scheinen mir aus einem edlen Haus,
Sie sehen stolz und unzufrieden aus.

BRANDER. Marktschreier sinds gewiß, ich wette!

ALTMAYER. Vielleicht.

FROSCH.   Gib acht, ich schraube sie!

MEPHIST. *zu Faust.* Den Teufel spürt das Völkchen nie,
Und wenn er sie beim Kragen hätte.

FAUST.
Seid uns gegrüßt, ihr Herrn!

SIEBEL.   Viel Dank zum Gegengruß!
Leise, Mephistopheles von der Seite ansehend.
Was hinkt der Kerl auf Einem Fuß?

MEPHIST. Ist es erlaubt, uns auch zu euch zu setzen?
Statt eines guten Trunks, den man nicht haben kann,
Soll die Gesellschaft uns ergetzen.

ALTMAYER. Ihr scheint ein sehr verwöhnter Mann.

FROSCH. Ihr seid wohl spät von Rippach aufgebrochen?

Habt ihr mit Herren Hans noch erst zu Nacht gespeist?

MEPHISTOPHELES. Heut sind wir ihn vorbeigereist;

Wir haben ihn das letzte Mal gesprochen.

Von seinen Vettern wußt er viel zu sagen,

Viel Grüße hat er uns an jeden aufgetragen.

Er neigt sich gegen Frosch.

ALTMAYER *leise.*

Da hast du's! der verstehts!

SIEBEL.   Ein pfiffiger Patron!

FROSCH. Nun, warte nur, ich krieg ihn schon!

MEPHIST. Wenn ich nicht irrte, hörten wir

Geübte Stimmen Chorus singen?

Gewiß, Gesang muß trefflich hier

Von dieser Wölbung widerklingen!

FROSCH. Seid Ihr wohl gar ein Virtuos?

MEPHISTOPHELES.

O nein! die Kraft ist schwach, allein die Lust ist groß.

ALTMAYER.

Gebt uns ein Lied!

MEPHISTOPHELES. Wenn ihr begehrt, die Menge.

SIEBEL. Nur auch ein nagelneues Stück!

MEPHIST. Wir kommen erst aus Spanien zurück,

Dem schönen Land des Weins und der Gesänge.

Singt.

Es war einmal ein König,

Der hatt einen großen Floh –

FROSCH.

Horcht! Einen Floh! Habt ihr das wohl gefaßt?

Ein Floh ist mir ein saubrer Gast.

MEPHISTOPHELES *singt:*

Es war einmal ein König,

Der hatt einen großen Floh,

Den liebt' er gar nicht wenig,
Als wie seinen eignen Sohn.
Da rief er seinen Schneider,
Der Schneider kam heran:
›Da, miß dem Junker Kleider
Und miß ihm Hosen an!‹

BRANDER.

Vergeßt nur nicht, dem Schneider einzuschärfen,
Daß er mir aufs genauste mißt
Und daß, so lieb sein Kopf ihm ist,
Die Hosen keine Falten werfen!

MEPHISTOPHELES.

In Sammet und in Seide
War er nun angetan,
Hatte Bänder auf dem Kleide,
Hatt auch ein Kreuz daran,
Und war sogleich Minister
Und hatt einen großen Stern.
Da wurden seine Geschwister
Bei Hof auch große Herrn.

Und Herrn und Fraun am Hofe,
Die waren sehr geplagt,
Die Königin und die Zofe
Gestochen und genagt,
Und durften sie nicht knicken
Und weg sie jucken nicht.
Wir knicken und ersticken
Doch gleich, wenn einer sticht.

CHORUS *jauchzend.*

Wir knicken und ersticken
Doch gleich, wenn einer sticht.

FROSCH. Bravo! bravo! das war schön!
SIEBEL. So soll es jedem Floh ergehn!

97

BRANDER. Spitzt die Finger und packt sie fein!

ALTMAYER. Es lebe die Freiheit! es lebe der Wein!

MEPHISTOPHELES.

Ich tränke gern ein Glas, die Freiheit hoch zu ehren,
Wenn eure Weine nur ein bißchen besser wären.

SIEBEL. Wir mögen das nicht wieder hören!

MEPHISTOPHELES.

Ich fürchte nur, der Wirt beschweret sich;
Sonst gäb ich diesen werten Gästen
Aus unserm Keller was zum besten.

SIEBEL. Nur immer her! ich nehms auf mich.

FROSCH.

Schafft Ihr ein gutes Glas, so wollen wir Euch loben.
Nur gebt nicht gar zu kleine Proben!
Denn wenn ich judizieren soll,
Verlang ich auch das Maul recht voll.

ALTMAYER *leise.*

Sie sind vom Rheine, wie ich spüre.

MEPHISTOPHELES.

Schafft einen Bohrer an!

BRANDER.   Was soll mit dem geschehn?

Ihr habt doch nicht die Fässer vor der Türe?

ALTMAYER.

Dahinten hat der Wirt ein Körbchen Werkzeug stehn.

MEPHISTOPHELES *nimmt den Bohrer. Zu Frosch.*

Nun sagt: was wünschet Ihr zu schmecken?

FROSCH. Wie meint Ihr das? Habt Ihr so mancherlei?

MEPHISTOPHELES. Ich stell es einem jeden frei.

ALTMAYER *zu Frosch.*

Aha! du fängst schon an, die Lippen abzulecken.

FROSCH.

Gut! wenn ich wählen soll, so will ich Rheinwein haben:
Das Vaterland verleiht die allerbesten Gaben.

MEPHISTOPHELES, *indem er an dem Platz, wo Frosch sitzt,*

ein Loch in den Tischrand bohrt.

Verschafft ein wenig Wachs, die Pfropfen gleich zu machen!

ALTMAYER. Ach, das sind Taschenspielersachen!

MEPHISTOPHELES *zu Brander.*

Und Ihr?

BRANDER. Ich will Champagner Wein,

Und recht moussierend soll er sein! *Mephistopheles bohrt;*
einer hat indessen die Wachspfropfen gemacht und verstopft.

BRANDER. Man kann nicht stets das Fremde meiden,

Das Gute liegt uns oft so fern.

Ein echter deutscher Mann mag keinen Franzen leiden,

Doch ihre Weine trinkt er gern.

SIEBEL, *indem sich Mephistopheles seinem Platze nähert.*

Ich muß gestehn, den Sauern mag ich nicht,

Gebt mir ein Glas vom echten Süßen!

MEPHIST. *bohrt.* Euch soll sogleich Tokayer fließen.

ALTMAYER. Nein, Herren, seht mir ins Gesicht!

Ich seh es ein, ihr habt uns nur zum besten.

MEPHIST. Ei! ei! Mit solchen edlen Gästen

Wär es ein bißchen viel gewagt.

Geschwind! nur grad heraus gesagt!

Mit welchem Weine kann ich dienen?

ALTMAYER. Mit jedem! Nur nicht lang gefragt!

Nachdem die Löcher alle gebohrt und verstopft sind,

MEPHISTOPHELES *mit seltsamen Gebärden.*

Trauben trägt der Weinstock,

Hörner der Ziegenbock!

Der Wein ist saftig, Holz die Reben,

Der hölzerne Tisch kann Wein auch geben.

Ein tiefer Blick in die Natur!

Hier ist ein Wunder, glaubet nur!

Nun zieht die Pfropfen und genießt!

ALLE, *indem sie die Pfropfen ziehen und jedem der verlangte*
Wein ins Glas läuft.
  O schöner Brunnen, der uns fließt!
MEPHIST. Nur hütet euch, daß ihr mir nichts vergießt!
  Sie trinken wiederholt.
ALLE *singen.*
  Uns ist ganz kannibalisch wohl,
  Als wie fünfhundert Säuen!
MEPHIST. Das Volk ist frei: seht an, wie wohls ihm geht!
FAUST. Ich hätte Lust, nun abzufahren.
MEPHIST. Gib nur erst acht, die Bestialität
  Wird sich gar herrlich offenbaren.
SIEBEL *trinkt unvorsichtig, der Wein fließt auf die Erde und wird*
  zur Flamme
  Helft! Feuer! helft! Die Hölle brennt!
MEPHISTOPHELES *die Flamme besprechend.*
  Sei ruhig, freundlich Element!
  Zu den Gesellen.
  Für diesmal war es nur ein Tropfen Fegefeuer.
SIEBEL. Was soll das sein? Wart! Ihr bezahlt es teuer!
  Es scheinet, daß Ihr uns nicht kennt.
FROSCH. Laß Er uns das zum zweiten Male bleiben!
ALTMAYER.
  Ich dächt, wir hießen ihn ganz sachte seitwärts gehn.
SIEBEL. Was, Herr? Er will sich unterstehn
  Und hier sein Hokuspokus treiben?
MEPHIST. Still, altes Weinfaß!
SIEBEL.   Besenstiel!
  Du willst uns gar noch grob begegnen?
BRANDER. Wart nur! es sollen Schläge regnen!
ALTMAYER *zieht einen Pfropf aus dem Tisch, es springt ihm Feuer*
  entgegen.
  Ich brenne! ich brenne!
SIEBEL.   Zauberei!

Stoßt zu! der Kerl ist vogelfrei!

Sie ziehen die Messer und gehn auf Mephistopheles los.

MEPHISTOPHELES *mit ernsthafter Gebärde.*

Falsch Gebild und Wort

Verändern Sinn und Ort!

Seid hier und dort!

Sie stehn erstaunt und sehn einander an.

ALTMAYER. Wo bin ich? Welches schöne Land!

FROSCH.

Weinberge! Seh ich recht?

SIEBEL.   Und Trauben gleich zur Hand!

BRANDER. Hier unter diesem grünen Laube,

Seht, welch ein Stock! seht, welche Traube!

*Er faßt Siebeln bei der Nase. Die andern tun es wechselseitig
und heben die Messer.*

MEPHISTOPHELES *wie oben.*

Irrtum, laß los der Augen Band!

Und merkt euch, wie der Teufel spaße!

Er verschwindet mit Faust, die Gesellen fahren auseinander.

SIEBEL. Was gibts?

ALTMAYER.   Wie?

FROSCH.   War das deine Nase?

BRANDER *zu Siebel.* Und deine hab ich in der Hand!

ALTMAYER. Es war ein Schlag, der ging durch alle Glieder!

Schafft einen Stuhl, ich sinke nieder!

FROSCH. Nein, sagt mir nur: was ist geschehn?

SIEBEL. Wo ist der Kerl? Wenn ich ihn spüre,

Er soll mir nicht lebendig gehn!

ALTMAYER. Ich hab ihn selbst hinaus zur Kellertüre –

Auf einem Fasse reiten sehn – –

Es liegt mir bleischwer in den Füßen.

Sich nach dem Tische wendend.

Mein! Sollte wohl der Wein noch fließen?

SIEBEL. Betrug war alles, Lug und Schein.

FROSCH. Mir deuchte doch, als tränk ich Wein.

BRANDER. Aber wie war es mit den Trauben?

ALTMAYER.

Nun sag mir eins, man soll kein Wunder glauben!

HEXENKÜCHE

Auf einem niedrigen Herde steht ein großer Kessel über dem
Feuer. In dem Dampfe, der davon in die Höhe steigt, zeigen
sich verschiedene Gestalten. Eine Meerkatze sitzt bei dem
Kessel und schäumt ihn und sorgt, daß er nicht überläuft. Der
Meerkater mit den Jungen sitzt darneben und wärmt sich.
Wände und Decke sind mit dem seltsamsten Hexenhausrat
ausgeschmückt. Faust, Mephistopheles.

FAUST. Mir widersteht das tolle Zauberwesen.
　　Versprichst du mir, ich soll genesen
　　In diesem Wust von Raserei?
　　Verlang ich Rat von einem alten Weibe?
　　Und schafft die Sudelköcherei
　　Wohl dreißig Jahre mir vom Leibe?
　　Weh mir, wenn du nichts Bessers weißt!
　　Schon ist die Hoffnung mir verschwunden.
　　Hat die Natur und hat ein edler Geist
　　Nicht irgend einen Balsam ausgefunden?

MEPHIST. Mein Freund, nun sprichst du wieder klug!
　　Dich zu verjüngen, gibts auch ein natürlich Mittel;
　　Allein es steht in einem andern Buch
　　Und ist ein wunderlich Kapitel.

FAUST. Ich will es wissen!

MEPHISTOPHELES.　　　　Gut! Ein Mittel, ohne Geld
　　Und Arzt und Zauberei zu haben:
　　Begib dich gleich hinaus aufs Feld,

Fang an zu hacken und zu graben,
Erhalte dich und deinen Sinn
In einem ganz beschränkten Kreise,
Ernähre dich mit ungemischter Speise,
Leb mit dem Vieh als Vieh und acht es nicht für Raub,
Den Acker, den du erntest, selbst zu düngen!
Das ist das beste Mittel, glaub,
Auf achtzig Jahr dich zu verjüngen!

FAUST.
Das bin ich nicht gewöhnt, ich kann mich nicht bequemen,
Den Spaten in die Hand zu nehmen;
Das enge Leben steht mir gar nicht an.

MEPHIST. So muß denn doch die Hexe dran.

FAUST. Warum denn just das alte Weib?
Kannst du den Trank nicht selber brauen?

MEPHIST. Das wär ein schöner Zeitvertreib!
Ich wollt indes wohl tausend Brücken bauen.
Nicht Kunst und Wissenschaft allein,
Geduld will bei dem Werke sein.
Ein stiller Geist ist jahrelang geschäftig;
Die Zeit nur macht die feine Gärung kräftig.
Und alles, was dazu gehört,
Es sind gar wunderbare Sachen!
Der Teufel hat sie's zwar gelehrt;
Allein der Teufel kanns nicht machen.
Die Tiere erblickend.
Sieh, welch ein zierliches Geschlecht!
Das ist die Magd! das ist der Knecht!
Zu den Tieren.
Es scheint, die Frau ist nicht zu Hause?

DIE TIERE. Beim Schmause,
Aus dem Haus
Zum Schornstein hinaus!

MEPHIST. Wie lange pflegt sie wohl zu schwärmen?

DIE TIERE. Solange wir uns die Pfoten wärmen.

MEPHIST. *zu Faust.* Wie findest du die zarten Tiere?

FAUST. So abgeschmackt, als ich nur jemand sah!

MEPHIST. Nein, ein Diskurs wie dieser da
  Ist grade der, den ich am liebsten führe!
  Zu den Tieren.
  So sagt mir doch, verfluchte Puppen,
  Was quirlt ihr in dem Brei herum?

DIE TIERE. Wir kochen breite Bettelsuppen.

MEPHIST. Da habt ihr ein groß Publikum.

DER KATER *macht sich herbei*
  und schmeichelt dem Mephistopheles.
  O würfle nur gleich
  Und mache mich reich
  Und laß mich gewinnen!
  Gar schlecht ists bestellt,
  Und wär ich bei Geld,
  So wär ich bei Sinnen.

MEPHISTOPHELES.
  Wie glücklich würde sich der Affe schätzen,
  Könnt er nur auch ins Lotto setzen!
  Indessen haben die jungen Meerkätzchen
  mit einer großen Kugel gespielt und rollen sie hervor.

DER KATER.
  Das ist die Welt:
  Sie steigt und fällt
  Und rollt beständig;
  Sie klingt wie Glas –
  Wie bald bricht das!
  Ist hohl inwendig.
  Hier glänzt sie sehr
  Und hier noch mehr:
  ›Ich bin lebendig!‹
  Mein lieber Sohn,

Halt dich davon!
Du mußt sterben!
Sie ist von Ton,
Es gibt Scherben.

MEPHIST. Was soll das Sieb?

DER KATER *holt es herunter.*

Wärst du ein Dieb,
Wollt ich dich gleich erkennen.
Er läuft zur Kätzin und läßt sie durchsehen.
Sieh durch das Sieb!
Erkennst du den Dieb
Und darfst ihn nicht nennen?

MEPHISTOPHELES *sich dem Feuer nähernd.*

Und dieser Topf?

KATER UND KÄTZIN.

Der alberne Tropf!
Er kennt nicht den Topf,
Er kennt nicht den Kessel!

MEPHIST. Unhöfliches Tier!

DER KATER. Den Wedel nimm hier
Und setz dich in Sessel!
Er nötigt den Mephistopheles zu sitzen.

FAUST, *welcher diese Zeit über vor einem Spiegel gestanden,*
sich ihm bald genähert, bald sich von ihm entfernt hat.

Was seh ich? Welch ein himmlisch Bild
Zeigt sich in diesem Zauberspiegel!
O Liebe, leihe mir den schnellsten deiner Flügel
Und führe mich in ihr Gefild!
Ach, wenn ich nicht auf dieser Stelle bleibe,
Wenn ich es wage, nah zu gehn,
Kann ich sie nur als wie im Nebel sehn! –
Das schönste Bild von einem Weibe!
Ists möglich, ist das Weib so schön?
Muß ich an diesem hingestreckten Leibe

Den Inbegriff von allen Himmeln sehn?
So etwas findet sich auf Erden?

MEPHIST. Natürlich, wenn ein Gott sich erst sechs Tage plagt
Und selbst am Ende Bravo sagt,
Da muß es was Gescheites werden.
Für diesmal sieh dich immer satt!
Ich weiß dir so ein Schätzchen auszuspüren,
Und selig, wer das gute Schicksal hat,
Als Bräutigam sie heimzuführen!

Faust sieht immerfort in den Spiegel. Mephistopheles, sich in dem
Sessel dehnend und mit dem Wedel spielend, fährt fort zu sprechen.
Hier sitz ich wie der König auf dem Throne,
Den Zepter halt ich hier, es fehlt nur noch die Krone.

DIE TIERE, *welche bisher allerlei wunderliche Bewegungen*
durcheinander gemacht haben, bringen dem Mephistopheles eine
Krone mit großem Geschrei.
O sei doch so gut,
Mit Schweiß und mit Blut
Die Krone zu leimen!

Sie gehen ungeschickt mit der Krone um und zerbrechen sie
in zwei Stücke, mit welchen sie herumspringen.
Nun ist es geschehn!
Wir reden und sehn,
Wir hören und reimen –

FAUST *gegen den Spiegel.*
Weh mir! ich werde schier verrückt.

MEPHISTOPHELES *auf die Tiere deutend.*
Nun fängt mir an fast selbst der Kopf zu schwanken.

DIE TIERE.
Und wenn es uns glückt,
Und wenn es sich schickt,
So sind es Gedanken!

FAUST *wie oben.* Mein Busen fängt mir an zu brennen!
Entfernen wir uns nur geschwind!

MEPHISTOPHELES *in obiger Stellung.*

Nun, wenigstens muß man bekennen,

Daß es aufrichtige Poeten sind.

Der Kessel, welchen die Kätzin bisher außer Acht gelassen,
fängt an überzulaufen; es entsteht eine große Flamme,
welche zum Schornstein hinausschlägt.

Die Hexe kommt durch die Flamme mit entsetzlichem Geschrei
heruntergefahren.

DIE HEXE. Au! Au! Au! Au!

Verdammtes Tier! verfluchte Sau!

Versäumst den Kessel, versengst die Frau!

Verfluchtes Tier!

Faust und Mephistopheles erblickend.

Was ist das hier?

Wer seid ihr hier?

Was wollt ihr da?

Wer schlich sich ein?

Die Feuerpein

Euch ins Gebein!

Sie fährt mit dem Schaumlöffel in den Kessel und spritzt Flammen
nach Faust, Mephistopheles und den Tieren. Die Tiere winseln.

MEPHISTOPHELES, *welcher den Wedel, den er in der Hand hält,*
umkehrt und unter die Gläser und Töpfe schlägt.

Entzwei! entzwei!

Da liegt der Brei!

Da liegt das Glas!

Es ist nur Spaß,

Der Takt, du Aas,

Zu deiner Melodei!

Indem die Hexe voll Grimm und Entsetzen zurücktritt.

Erkennst du mich? Gerippe! Scheusal du!

Erkennst du deinen Herrn und Meister?

Was hält mich ab, so schlag ich zu,

Zerschmettre dich und deine Katzengeister!

Hast du vorm roten Wams nicht mehr Respekt?
Kannst du die Hahnenfeder nicht erkennen?
Hab ich dies Angesicht versteckt?
Soll ich mich etwa selber nennen?

DIE HEXE. O Herr, verzeiht den rohen Gruß!
Seh ich doch keinen Pferdefuß.
Wo sind denn Eure beiden Raben?

MEPHIST. Für diesmal kommst du so davon;
Denn freilich ist es eine Weile schon,
Daß wir uns nicht gesehen haben.
Auch die Kultur, die alle Welt beleckt,
Hat auf den Teufel sich erstreckt:
Das nordische Phantom ist nun nicht mehr zu schauen;
Wo siehst du Hörner, Schweif und Klauen?
Und was den Fuß betrifft, den ich nicht missen kann,
der würde mir bei Leuten schaden;
Darum bedien ich mich wie mancher junge Mann
Seit vielen Jahren falscher Waden.

DIE HEXE *tanzend.*
Sinn und Verstand verlier ich schier,
Seh ich den Junker Satan wieder hier!

MEPHIST. Den Namen, Weib, verbitt ich mir!

DIE HEXE. Warum? was hat er Euch getan?

MEPHIST. Er ist schon lang ins Fabelbuch geschrieben;
Allein die Menschen sind nichts besser dran:
Den Bösen sind sie los, die Bösen sind geblieben.
Du nennst mich Herr Baron, so ist die Sache gut;
Ich bin ein Kavalier wie andre Kavaliere.
Du zweifelst nicht an meinem edlen Blut;
Sie her: das ist das Wappen, das ich führe!
Er macht eine unanständige Gebärde.

DIE HEXE *lacht unmäßig.*
Ha! Ha! Das ist in Eurer Art!
Ihr seid ein Schelm, wie Ihr nur immer wart!

MEPHISTOPHELES *zu Faust.*

Mein Freund, das lerne wohl verstehn:
Dies ist die Art, mit Hexen umzugehn!

DIE HEXE. Nun sagt, ihr Herren, was ihr schafft.

MEPHIST. Ein gutes Glas von dem bekannten Saft!
Doch muß ich Euch ums älteste bitten:
Die Jahre doppeln seine Kraft.

DIE HEXE. Gar gern! Hier hab ich eine Flasche,
Aus der ich selbst zuweilen nasche,
Die auch nicht mehr im mindsten stinkt;
Ich will euch gern ein Gläschen geben.
Leise.
Doch wenn es dieser Mann unvorbereitet trinkt,
So kann er, wißt Ihr wohl, nicht eine Stunde leben.

MEPHIST. Es ist ein guter Freund, dem es gedeihen soll;
Ich gönn ihm gern das Beste deiner Küche.
Zieh deinen Kreis, sprich deine Sprüche,
Und gib ihm eine Tasse voll!
*Die Hexe, mit seltsamen Gebärden, zieht einen Kreis und stellt
wunderbare Sachen hinein; indessen fangen die Gläser an zu
klingen, der Kessel zu tönen, und machen Musik. Zuletzt bringt
sie ein großes Buch, stellt die Meerkatzen in den Kreis, die ihr
zum Pult dienen und die Fackel halten müssen. Sie winkt Fausten,
zu ihr zu treten.*

FAUST *zu Mephistopheles.*

Nein, sage mir: was soll das werden?
Das tolle Zeug, die rasenden Gebärden,
Der abgeschmackteste Betrug,
Sind mir bekannt, verhaßt genug.

MEPHIST. Ei Possen! Das ist nur zum Lachen;
Sei nur nicht ein so strenger Mann!
Sie muß als Arzt ein Hokuspokus machen,
Damit der Saft dir wohl gedeihen kann.
Er nötigt Fausten, in den Kreis zu treten.

DIE HEXE, *mit großer Emphase,*
fängt an, aus dem Buche zu deklamieren.

Du mußt verstehn!
Aus Eins mach Zehn,
Und Zwei laß gehn,
Und Drei mach gleich,
So bist du reich.
Verlier die Vier!
Aus Fünf und Sechs –
So sagt die Hex –
Mach Sieben und Acht,
So ists vollbracht:
Und Neun ist Eins,
Und Zehn ist keins.
Das ist das Hexen-Einmaleins!

FAUST. Mich dünkt, die Alte spricht im Fieber.

MEPHIST. Das ist noch lange nicht vorüber,
Ich kenn es wohl, so klingt das ganze Buch;
Ich habe manche Zeit damit verloren;
Denn ein vollkommner Widerspruch
Bleibt gleich geheimnisvoll für Kluge wie für Toren.
Mein Freund, die Kunst ist alt und neu,
Es war die Art zu allen Zeiten,
Durch Drei und Eins und Eins und Drei
Irrtum statt Wahrheit zu verbreiten.
So schwätzt und lehrt man ungestört;
Wer will sich mit den Narrn befassen?
Gewöhnlich glaubt der Mensch, wenn er nur Worte hört,
Es müsse sich dabei doch auch was denken lassen.

DIE HEXE *fährt fort.*

Die hohe Kraft
Der Wissenschaft,
Der ganzen Welt verborgen!
Und wer nicht denkt,

112

Dem wird sie geschenkt,
Er hat sie ohne Sorgen.
FAUST. Was sagt sie uns für Unsinn vor?
Es wird mir gleich der Kopf zerbrechen.
Mich dünkt, ich hör ein ganzes Chor
Von hunderttausend Narren sprechen.
MEPHIST. Genug, genug, o treffliche Sibylle!
Gib deinen Trank herbei und fülle
Die Schale rasch bis an den Rand hinan!
Denn meinem Freund wird dieser Trunk nicht schaden:
Er ist ein Mann von vielen Graden,
Der manchen guten Schluck getan.
*Die Hexe, mit vielen Zeremonieen, schenkt den Trank in eine
Schale; wie sie Faust an den Mund bringt, entsteht eine leichte
Flamme.*
MEPHIST. Nur frisch hinunter! immer zu!
Es wird dir gleich das Herz erfreuen.
Bist mit dem Teufel du und du,
Und willst dich vor der Flamme scheuen?
Die Hexe löst den Kreis. Faust tritt heraus.
MEPHIST. Nun frisch hinaus! Du darfst nicht ruhn.
DIE HEXE. Mög Euch das Schlückchen wohl behagen!
MEPHISTOPHELES *zur Hexe.*
Und kann ich dir was zu Gefallen tun,
So darfst du mirs nur auf Walpurgis sagen.
DIE HEXE. Hier ist ein Lied! Wenn Ihrs zuweilen singt,
So werdet Ihr besondre Wirkung spüren.
MEPHISTOPHELES *zu Faust.*
Komm nur geschwind und laß dich führen:
Du mußt notwendig transpirieren,
Damit die Kraft durch Inn- und Äußres dringt.
Den edlen Müßiggang lehr ich hernach dich schätzen,
Und bald empfindest du mit innigem Ergetzen,
Wie sich Cupido regt und hin und wider springt.

FAUST. Laß mich nur schnell noch in den Spiegel schauen!
Das Frauenbild war gar zu schön!
MEPHIST. Nein! nein! Du sollst das Muster aller Frauen
Nun bald leibhaftig vor dir sehn.
Leise.
Du siehst mit diesem Trank im Leibe
Bald Helenen in jedem Weibe.

STRASSE
Faust. Margarete vorübergehend.

FAUST. Mein schönes Fräulein, darf ich wagen,
Meinen Arm und Geleit Ihr anzutragen?
MARGARETE. Bin weder Fräulein weder schön,
Kann ungeleitet nach Hause gehn.
Sie macht sich los und ab.
FAUST. Beim Himmel, dieses Kind ist schön!
So etwas hab ich nie gesehn.
Sie ist so sitt- und tugendreich
Und etwas schnippisch doch zugleich.
Der Lippe Rot, der Wange Licht,
Die Tage der Welt vergeß ichs nicht!
Wie sie die Augen niederschlägt,
Hat tief sich in mein Herz geprägt;
Wie sie kurz angebunden war,
Das ist nun zum Entzücken gar!
Mephistopheles tritt auf.
FAUST. Hör, du mußt mir die Dirne schaffen!
MEPHIST. Nun, welche?
FAUST.   Sie ging just vorbei.
MEPHIST. Da die? Sie kam von ihrem Pfaffen,
Der sprach sie aller Sünden frei.
Ich schlich mich hart am Stuhl vorbei:

Es ist ein gar unschuldig Ding,
Das eben für nichts zur Beichte ging;
Über die hab ich keine Gewalt!

FAUST. Ist über vierzehn Jahr doch alt.

MEPHIST. Du sprichst ja wie Hans Liederlich:
Der begehrt jede liebe Blum für sich,
Und dünkelt ihm, es wär kein Ehr
Und Gunst, die nicht zu pflücken wär;
Geht aber doch nicht immer an.

FAUST. Mein Herr Magister Lobesan,
Laß Er mich mit dem Gesetz in Frieden!
Und das sag ich Ihm kurz und gut:
Wenn nicht das süße junge Blut
Heute nacht in meinen Armen ruht,
So sind wir um Mitternacht geschieden.

MEPHIST. Bedenkt, was gehn und stehen mag!
Ich brauche wenigstens vierzehn Tag,
Nur die Gelegenheit auszuspüren.

FAUST. Hätt ich nur sieben Stunden Ruh,
Brauchte den Teufel nicht dazu,
So ein Geschöpfchen zu verführen.

MEPHIST. Ihr sprecht schon fast wie ein Franzos;
Doch bitt ich, laßts Euch nicht verdrießen:
Was hilfts, nur grade zu genießen?
Die Freud ist lange nicht so groß,
Als wenn Ihr erst herauf, herum,
Durch allerlei Brimborium,
Das Püppchen geknetet und zugericht't,
Wie's lehret manche welsche Geschicht.

FAUST. Hab Appetit auch ohne das.

MEPHIST. Jetzt ohne Schimpf und ohne Spaß!
Ich sag Euch: mit dem schönen Kind
Gehts ein für allemal nicht geschwind.
Mit Sturm ist da nichts einzunehmen;

Wir müssen uns zur List bequemen.

FAUST. Schaff mir etwas vom Engelsschatz!
Führ mich an ihren Ruheplatz!
Schaff mir ein Halstuch von ihrer Brust,
Ein Strumpfband meiner Liebeslust!

MEPHIST. Damit Ihr seht, daß ich Eurer Pein
Will förderlich und dienstlich sein,
Wollen wir keinen Augenblick verlieren,
Will Euch noch heut in ihr Zimmer führen.

FAUST. Und soll sie sehn? sie haben?

MEPHISTOPHELES.   Nein!
Sie wird bei einer Nachbarin sein.
Indessen könnt Ihr ganz allein
An aller Hoffnung künftger Freuden
In ihrem Dunstkreis satt Euch weiden.

FAUST. Können wir hin?

MEPHISTOPHELES.   Es ist noch zu früh.

FAUST. Sorg du mir für ein Geschenk für sie! *Ab*.

MEPHISTOPHELES.
Gleich schenken? Das ist brav! Da wird er reüssieren!
Ich kenne manchen schönen Platz
Und manchen altvergrabnen Schatz;
Ich muß ein bißchen revidieren. *Ab*.

ABEND
Ein kleines, reinliches Zimmer.

MARGARETE *ihre Zöpfe flechtend und aufbindend*.
Ich gäb was drum, wenn ich nur wüßt,
Wer heut der Herr gewesen ist!
Er sah gewiß recht wacker aus
Und ist aus einem edlen Haus;
Das konnt ich ihm an der Stirne lesen –

Er wär auch sonst nicht so keck gewesen. *Ab.*

Mephistopheles, Faust.

MEPHIST. Herein, ganz leise, nur herein!

FAUST *nach einigem Stillschweigen.*

Ich bitte dich, laß mich allein!

MEPHISTOPHELES *herumspürend.*

Nicht jedes Mädchen hält so rein. *Ab.*

FAUST *rings aufschauend.*

Willkommen, süßer Dämmerschein,
Der du dies Heiligtum durchwebst!
Ergreif mein Herz, du süße Liebespein,
Die du vom Tau der Hoffnung schmachtend lebst!
Wie atmet rings Gefühl der Stille,
Der Ordnung, der Zufriedenheit!
In dieser Armut welche Fülle!
In diesem Kerker welche Seligkeit!

Er wirft sich auf den ledernen Sessel am Bette.

O nimm mich auf, der du die Vorwelt schon
Bei Freud und Schmerz im offnen Arm empfangen!
Wie oft, ach! hat an diesem Väterthron
Schon eine Schar von Kindern rings gehangen!
Vielleicht hat, dankbar für den heilgen Christ,
Mein Liebchen hier, mit vollen Kinderwangen,
Dem Ahnherrn fromm die welke Hand geküßt.
Ich fühl, o Mädchen, deinen Geist
Der Füll und Ordnung um mich säuseln,
Der mütterlich dich täglich unterweist,
Den Teppich auf den Tisch dich reinlich breiten heißt,
Sogar den Sand zu deinen Füßen kräuseln.
O liebe Hand! so göttergleich!
Die Hütte wird durch dich ein Himmelreich.
Und hier! *Er hebt einen Bettvorhang auf.*
                     Was faßt mich für ein Wonnegraus!
Hier möcht ich volle Stunden säumen.

Natur, hier bildetest in leichten Träumen
Den eingebornen Engel aus!
Hier lag das Kind, mit warmem Leben
Den zarten Busen angefüllt,
Und hier mit heilig-reinem Weben
Entwirkte sich das Götterbild!

Und du? Was hat dich hergeführt?
Wie innig fühl ich mich gerührt!
Was willst du hier? Was wird das Herz dir schwer?
Armselger Faust, ich kenne dich nicht mehr!

Umgibt mich hier ein Zauberduft?
Mich drangs, so grade zu genießen,
Und fühle mich in Liebestraum zerfließen!
Sind wir ein Spiel von jedem Druck der Luft?

Und träte sie den Augenblick herein,
Wie würdest du für deinen Frevel büßen!
Der große Hans, ach, wie so klein!
Läg, hingeschmolzen, ihr zu Füßen.

MEPHIST. Geschwind! ich seh sie unten kommen.
FAUST. Fort! fort! Ich kehre nimmermehr!
MEPHIST. Hier ist ein Kästchen, leidlich schwer;
    Ich habs wo anders hergenommen.
    Stellts hier nur immer in den Schrein!
    Ich schwör Euch, ihr vergehn die Sinnen;
    Ich tat Euch Sächelchen hinein,
    Um eine andre zu gewinnen.
    Zwar Kind ist Kind, und Spiel ist Spiel.
    FAUST.
    Ich weiß nicht: soll ich?
MEPHISTOPHELES.   Fragt Ihr viel?

Meint Ihr vielleicht den Schatz zu wahren?
Dann rat ich Eurer Lüsternheit,
Die liebe schöne Tageszeit
Und mir die weitre Müh zu sparen.
Ich hoff nicht, daß Ihr geizig seid!
Ich kratz den Kopf, reib an den Händen, –
Er stellt das Kästchen in den Schrein und drückt das Schloß wieder
zu.
Nur fort! geschwind! –
Um Euch das süße, junge Kind
Nach Herzens Wunsch und Will zu wenden,
Und Ihr seht drein,
Als solltet Ihr in den Hörsaal hinein,
Als stünden grau leibhaftig vor Euch da
Physik und Metaphysika!
Nur fort! *Ab.*
MARGARETE *mit einer Lampe.*
Es ist so schwül, so dumpfig hie,
Sie macht das Fenster auf.
Und ist doch eben so warm nicht drauß.
Es wird mir so, ich weiß nicht wie –
Ich wollt, die Mutter käm nach Haus.
Mir läuft ein Schauer übern ganzen Leib –
Bin doch ein töricht furchtsam Weib!
Sie fängt an zu singen, indem sie sich auszieht.

Es war ein König in Thule,
Gar treu bis an das Grab,
Dem sterbend seine Buhle
Einen goldnen Becher gab.

Es ging ihm nichts darüber,
Er leert' ihn jeden Schmaus;
Die Augen gingen ihm über,

So oft er trank daraus.

Und als er kam zu sterben,
Zählt' er seine Städt im Reich,
Gönnt' alles seinem Erben
Den Becher nicht zugleich.

Er saß beim Königsmahle,
Die Ritter um ihn her,
Auf hohem Vätersaale
Dort auf dem Schloß am Meer.

Dort stand der alte Zecher,
Trank letzte Lebensglut,
Und warf den heiligen Becher
Hinunter in die Flut.

Er sah ihn stürzen trinken
Und sinken tief ins Meer,
Die Augen täten ihm sinken,
Trank nie einen Tropfen mehr.

Sie eröffnet den Schrein, ihre Kleider einzuräumen,
und erblickt das Schmuckkästchen.
Wie kommt das schöne Kästchen hier herein?
Ich schloß doch ganz gewiß den Schrein.
Es ist doch wunderbar! Was mag wohl drinne sein?
Vielleicht brachts jemand als ein Pfand,
Und meine Mutter lieh darauf.
Da hängt ein Schlüsselchen am Band,
Ich denke wohl, ich mach es auf!
Was ist das? Gott im Himmel! Schau,
So was hab ich mein' Tage nicht gesehn!
Ein Schmuck! Mit dem könnt eine Edelfrau

Am höchsten Feiertage gehn.
Wie sollte mir die Kette stehn?
Wem mag die Herrlichkeit gehören?
Sie putzt sich damit auf und tritt vor den Spiegel.
Wenn nur die Ohrring' meine wären!
Man sieht doch gleich ganz anders drein.
Was hilft euch Schönheit, junges Blut?
Das ist wohl alles schön und gut,
Allein man läßts auch alles sein;
Man lobt euch halb mit Erbarmen.
Nach Golde drängt,
Am Golde hängt
Doch alles! Ach, wir Armen!

SPAZIERGANG
Faust in Gedanken auf und ab gehend.
Zu ihm Mephistopheles.

MEPHISTOPHELES.
Bei aller verschmähten Liebe! Beim höllischen Elemente!
Ich wollt, ich wüßte was Ärgers, daß ichs fluchen könnte!
FAUST. Was hast? was kneipt dich denn so sehr?
So kein Gesicht sah ich in meinem Leben!
MEPHIST. Ich möcht mich gleich dem Teufel übergeben,
Wenn ich nur selbst kein Teufel wär!
FAUST. Hat sich dir was im Kopf verschoben?
Dich kleidets, wie ein Rasender zu toben!
MEPHIST. Denkt nur: den Schmuck, für Gretchen angeschafft,
Den hat ein Pfaff hinweggerafft! –
Die Mutter kriegt das Ding zu schauen,
Gleich fängts ihr heimlich an zu grauen:
Die Frau hat gar einen feinen Geruch,
Schnuffelt immer im Gebetbuch

123

Und riechts einem jeden Möbel an,
Ob das Ding heilig ist oder profan.
Und an dem Schmuck da spürt' sie's klar,
Daß dabei nicht viel Segen war.
›Mein Kind,‹ rief sie, ›ungerechtes Gut
Befängt die Seele, zehrt auf das Blut.
Wollens der Mutter Gottes weihen,
Wird uns mit Himmelsmanna erfreuen!‹
Margretlein zog ein schiefes Maul;
Ist halt, dacht sie, ein geschenkter Gaul,
Und wahrlich! gottlos ist nicht der,
Der ihn so fein gebracht hierher.
Die Mutter ließ ein Pfaffen kommen;
Der hatte kaum den Spaß vernommen,
Ließ sich den Anblick wohl behagen.
Er sprach: ›So ist man recht gesinnt!
Wer überwindet, der gewinnt.
Die Kirche hat einen guten Magen,
Hat ganze Länder aufgefressen
Und doch noch nie sich übergessen;
Die Kirch allein, meine lieben Frauen,
Kann ungerechtes Gut verdauen.‹
FAUST. Das ist ein allgemeiner Brauch;
    Ein Jud und König kann es auch.
MEPHIST. Strich drauf ein Spange, Kett und Ring',
    Als wärens eben Pfifferling,
    Dankt' nicht weniger und nicht mehr,
    Als obs ein Korb voll Nüsse wär,
    Versprach ihnen allen himmlischen Lohn –
    Und sie waren sehr erbaut davon.
FAUST. Und Gretchen?
MEPHISTOPHELES.   Sitzt nun unruhvoll,
    Weiß weder, was sie will noch soll,
    Denkt ans Geschmeide Tag und Nacht,

Noch mehr an den, ders ihr gebracht.

FAUST. Des Liebchens Kummer tut mir leid.
　　Schaff du ihr gleich ein neu Geschmeid!
　　Am ersten war ja so nicht viel.

MEPHIST. O ja, dem Herrn ist alles Kinderspiel!

FAUST. Und mach und richts nach meinem Sinn,
　　Häng dich an ihre Nachbarin!
　　Sei, Teufel, doch nur nicht wie Brei
　　Und schaff einen neuen Schmuck herbei!

MEPHIST. Ja, gnädger Herr, von Herzen gerne.
　　Faust ab.
　　So ein verliebter Tor verpufft
　　Euch Sonne, Mond und alle Sterne
　　Zum Zeitvertreib dem Liebchen in die Luft. *Ab.*

DER NACHBARIN HAUS

MARTHE *allein.*
　　Gott verzeihs meinem lieben Mann,
　　Er hat an mir nicht wohlgetan!
　　Geht da stracks in die Welt hinein
　　Und läßt mich auf dem Stroh allein.
　　Tät ihn doch wahrlich nicht betrüben,
　　Tät ihn, weiß Gott! recht herzlich lieben.
　　Sie weint.
　　Vielleicht ist er gar tot! – O Pein! – –
　　Hätt ich nur einen Totenschein!
　　Margarete kommt.

MARGARETE. Frau Marthe!

MARTHE. 　　　　　　　Gretelchen, was solls?

MARGARETE. Fast sinken mir die Kniee nieder!
　　Da find ich so ein Kästchen wieder
　　In meinem Schrein, von Ebenholz,

Und Sachen, herrlich ganz und gar,
Weit reicher, als das erste war.

MARTHE. Das muß Sie nicht der Mutter sagen;
Täts wieder gleich zur Beichte tragen.

MARGARETE. Ach, seh Sie nur! ach, schau Sie nur!

MARTHE *putzt sie auf.* O du glückselge Kreatur!

MARGARETE. Darf mich leider nicht auf der Gassen
Noch in der Kirche mit sehen lassen.

MARTHE. Komm du nur oft zu mir herüber
Und leg den Schmuck hier heimlich an;
Spazier ein Stündchen lang dem Spiegelglas vorüber,
Wir haben unsre Freude dran;
Und dann gibts einen Anlaß, gibts ein Fest,
Wo mans so nach und nach den Leuten sehen läßt:
Ein Kettchen erst, die Perle dann ins Ohr –
Die Mutter siehts wohl nicht, man macht ihr auch was vor.

MARGARETE. Wer konnte nur die beiden Kästchen bringen?
Es geht nicht zu mit rechten Dingen!
Es klopft.

MARGARETE. Ach Gott! mag das meine Mutter sein?

MARTHE *durchs Vorhängel guckend.*
Es ist ein fremder Herr – Herein!
Mephistopheles tritt auf.

MEPHIST. Bin so frei, grad hereinzutreten,
Muß bei den Frauen Verzeihn erbeten.
Tritt ehrerbietig vor Margareten zurück.
Wollt nach Frau Marthe Schwerdtlein fragen!

MARTHE. Ich bins! Was hat der Herr zu sagen?

MEPHISTOPHELES *leise zu ihr.*
Ich kenne Sie jetzt, mir ist das genug;
Sie hat da gar vornehmen Besuch.
Verzeiht die Freiheit, die ich genommen,
Will Nachmittage wiederkommen.

MARTHE *laut.* Denk, Kind, um alles in der Welt:

Der Herr dich für ein Fräulein hält.

MARGARETE. Ich bin ein armes junges Blut;
   Ach Gott! der Herr ist gar zu gut:
   Schmuck und Geschmeide sind nicht mein.

MEPHISTOPHELES. Ach, es ist nicht der Schmuck allein;
   Sie hat ein Wesen, einen Blick so scharf!
   Wie freut michs, daß ich bleiben darf!

MARTHE. Was bringt Er denn? Verlange sehr –

MEPHIST. Ich wollt, ich hätt eine frohere Mär!
   Ich hoffe, Sie läßt michs drum nicht büßen:
   Ihr Mann ist tot und läßt Sie grüßen.

MARTHE. Ist tot? das treue Herz! O weh!
   Mein Mann ist tot! Ach, ich vergeh!

MARGARETE. Ach, liebe Frau, verzweifelt nicht!

MEPHIST. So hört die traurige Geschicht!

MARGARETE. Ich möchte drum mein Tag nicht lieben;
   Würde mich Verlust zu Tode betrüben.

MEPHIST. Freud muß Leid, Leid muß Freude haben.

MARTHE. Erzählt mir seines Lebens Schluß!

MEPHISTOPHELES.
   Er liegt in Padua begraben
   Beim heiligen Antonius,
   An einer wohlgeweihten Stätte
   Zum ewig kühlen Ruhebette.

MARTHE. Habt Ihr sonst nichts an mich zu bringen?

MEPHIST. Ja, eine Bitte, groß und schwer:
   Laß Sie doch ja für ihn dreihundert Messen singen!
   Im übrigen sind meine Taschen leer.

MARTHE. Was! Nicht ein Schaustück? kein Geschmeid?
   Was jeder Handwerksbursch im Grund des Säckels spart,
   Zum Angedenken aufbewahrt,
   Und lieber hungert, lieber bettelt!

MEPHIST. Madam, es tut mir herzlich leid;
   Allein er hat sein Geld wahrhaftig nicht verzettelt.

Auch er bereute seine Fehler sehr,
Ja, und bejammerte sein Unglück noch viel mehr.

MARGAR. Ach, daß die Menschen so unglücklich sind!
Gewiß, ich will für ihn manch Requiem noch beten.

MEPHIST. Ihr wäret wert, gleich in die Eh zu treten:
Ihr seid ein liebenswürdig Kind.

MARGARETE. Ach nein, das geht jetzt noch nicht an.

MEPHIST. Ists nicht ein Mann, sei's derweil ein Galan!
's ist eine der größten Himmelsgaben,
So ein lieb Ding im Arm zu haben.

MARGARETE. Das ist des Landes nicht der Brauch.

MEPHIST. Brauch oder nicht! Es gibt sich auch.

MARTHE. Erzählt mir doch!

MEPHISTOPHELES.   Ich stand an seinem Sterbebette,
Es war was besser als von Mist,
Von halbgefaultem Stroh; allein er starb als Christ
Und fand, daß er weit mehr noch auf der Zeche hätte.
›Wie‹, rief er, ›muß ich mich von Grund aus hassen,
So mein Gewerb, mein Weib so zu verlassen!
Ach, die Erinnerung tötet mich!
Vergäb sie mir nur noch in diesem Leben! –‹

MARTHE *weinend.*
Der gute Mann! ich hab ihm längst vergeben.

MEPHIST. ›Allein, weiß Gott! sie war mehr schuld als ich.‹

MARTHE. Das lügt er! Was! am Rand des Grabs zu lügen!

MEPHIST. Er fabelte gewiß in letzten Zügen,
Wenn ich nur halb ein Kenner bin.
›Ich hatte‹, sprach er, ›nicht zum Zeitvertreib zu gaffen,
Erst Kinder, und dann Brot für sie zu schaffen,
Und Brot im allerweitesten Sinn,
Und konnte nicht einmal mein Teil in Frieden essen.‹

MARTHE. Hat er so aller Treu, so aller Lieb vergessen,
Der Plackerei bei Tag und Nacht!

MEPHIST. Nicht doch! er hat Euch herzlich dran gedacht.

Er sprach: ›Als ich nun weg von Malta ging,
Da betet ich für Frau und Kinder brünstig;
Uns war denn auch der Himmel günstig,
Daß unser Schiff ein türkisch Fahrzeug fing,
Das einen Schatz des großen Sultans führte.
Da ward der Tapferkeit ihr Lohn,
Und ich empfing denn auch, wie sichs gebührte,
Mein wohlgemeßnes Teil davon.‹

MARTHE. Ei wie? ei wo? Hat ers vielleicht vergraben?

MEPHIST. Wer weiß, wo nun es die vier Winde haben!
Ein schönes Fräulein nahm sich seiner an,
Als er in Napel fremd umher spazierte;
Sie hat an ihm viel Liebs und Treus getan,
Daß ers bis an sein selig Ende spürte.

MARTHE. Der Schelm! der Dieb an seinen Kindern!
Auch alles Elend, alle Not
Konnt nicht sein schändlich Leben hindern!

MEPHIST. Ja seht, dafür ist er nun tot!
Wär ich nun jetzt an Eurem Platze,
Betraurt ich ihn ein züchtig Jahr,
Visierte dann unterweil nach einem neuen Schatze.

MARTHE. Ach Gott! wie doch mein erster war,
Find ich nicht leicht auf dieser Welt den andern!
Es konnte kaum ein herziger Närrchen sein.
Er liebte nur das allzu viele Wandern,
Und fremde Weiber, und fremden Wein,
Und das verfluchte Würfelspiel!

MEPHIST. Nun, nun, so konnt es gehn und stehen,
Wenn er Euch ungefähr so viel
Von seiner Seite nachgesehen.
Ich schwör Euch zu: mit dem Beding
Wechselt ich selbst mit Euch den Ring!

MARTHE. O es beliebt dem Herrn zu scherzen!

MEPHISTOPHELES *für sich.*

Nun mach ich mich beizeiten fort!

Die hielte wohl den Teufel selbst beim Wort.

Zu Gretchen.

Wie steht es denn mit Ihrem Herzen?

MARGARETE.

Was meint der Herr damit?

MEPHISTOPHELES *für sich.*   Du guts, unschuldigs Kind!

Laut.

Lebt wohl, ihr Fraun!

MARGARETE.   Lebt wohl!

MARTHE.   O sagt mir doch geschwind –

Ich möchte gern ein Zeugnis haben,

Wo, wie und wann mein Schatz gestorben und begraben.

Ich bin von je der Ordnung Freund gewesen,

Möcht ihn auch tot im Wochenblättchen lesen.

MEPHIST. Ja, gute Frau, durch zweier Zeugen Mund

Wird allerwegs die Wahrheit kund.

Habe noch gar einen feinen Gesellen,

Den will ich Euch vor den Richter stellen.

Ich bring ihn her.

MARTHE.   O tut das ja!

MEPHIST. Und hier die Jungfrau ist auch da? –

Ein braver Knab! ist viel gereist,

Fräuleins alle Höflichkeit erweist.

MARGARETE. Müßte vor dem Herren schamrot werden.

MEPHIST. Vor keinem Könige der Erden!

MARTHE. Da hinterm Haus in meinem Garten

Wollen wir der Herrn heut abend warten.

Faust, Mephistopheles.

FAUST. Wie ists? Wills fördern? wills bald gehn?

MEPHIST. Ah bravo! Find ich Euch in Feuer?
  In kurzer Zeit ist Gretchen Euer!
  Heut abend sollt Ihr sie bei Nachbar' Marthen sehn:
  Das ist ein Weib wie auserlesen
  Zum Kuppler- und Zigeunerwesen!

FAUST. So recht!

MEPHISTOPHELES. Doch wird auch was von uns begehrt.

FAUST. Ein Dienst ist wohl des andern wert.

MEPHIST. Wir legen nur ein gültig Zeugnis nieder,
  Daß ihres Ehherrn ausgereckte Glieder
  In Padua an heilger Stätte ruhn.

FAUST. Sehr klug! Wir werden erst die Reise machen müssen!

MEPHIST. *Sancta simplicitas!* Darum ists nicht zu tun;
  Bezeugt nur, ohne viel zu wissen!

FAUST.
  Wenn Er nichts Bessers hat, so ist der Plan zerrissen.

MEPHIST. O heilger Mann! da wärt Ihrs nun!
  Ist es das erste Mal in Eurem Leben,
  Daß Ihr falsch Zeugnis abgelegt?
  Habt Ihr von Gott, der Welt, und was sich drin bewegt,
  Vom Menschen, was sich ihm in Kopf und Herzen regt,
  Definitionen nicht mit großer Kraft gegeben,
  Mit frecher Stirne, kühner Brust?
  Und wollt Ihr recht ins Innre gehen,
  Habt Ihr davon – Ihr müßt es grad gestehen –
  So viel als von Herrn Schwerdtleins Tod gewußt!

FAUST. Du bist und bleibst ein Lügner, ein Sophiste.

MEPHIST. Ja, wenn mans nicht ein bißchen tiefer wüßte!
  Denn morgen wirst, in allen Ehren,
  Das arme Gretchen nicht betören

Und alle Seelenlieb ihr schwören?

FAUST. Und zwar von Herzen.

MEPHISTOPHELES.   Gut und schön!
Dann wird von ewiger Treu und Liebe,
Von einzig überallmächtgem Triebe –
Wird das auch so von Herzen gehn?

FAUST. Laß das! Es wird! – Wenn ich empfinde,
Für das Gefühl, für das Gewühl
Nach Namen suche, keinen finde,
Dann durch die Welt mit allen Sinnen schweife,
Nach allen höchsten Worten greife
Und diese Glut, von der ich brenne,
Unendlich, ewig, ewig nenne,
Ist das ein teuflisch Lügenspiel?

MEPHIST. Ich hab doch recht!

FAUST.   Hör! merk dir dies –
Ich bitte dich – und schone meine Lunge:
Wer recht behalten will und hat nur eine Zunge,
Behälts gewiß.
Und komm, ich hab des Schwätzens Überdruß,
Denn du hast recht, vorzüglich weil ich muß!

GARTEN

Margarete an Faustens Arm. Marthe mit Mephistopheles
auf und ab spazierend.

MARGARETE.
Ich fühl es wohl, daß mich der Herr nur schont,
Herab sich läßt, mich zu beschämen.
Ein Reisender ist so gewohnt,
Aus Gütigkeit fürlieb zu nehmen;
Ich weiß zu gut, daß solch erfahrnen Mann
Mein arm Gespräch nicht unterhalten kann.

FAUST. Ein Blick von dir, ein Wort mehr unterhält
  Als alle Weisheit dieser Welt. *Er küßt ihre Hand.*
MARGARETE.
  Inkommodiert Euch nicht! Wie könnt Ihr sie nur küssen?
  Sie ist so garstig, ist so rauh!
  Was hab ich nicht schon alles schaffen müssen!
  Die Mutter ist gar zu genau.
  Gehn vorüber.
MARTHE. Und Ihr, mein Herr, Ihr reist so immer fort?
MEPHIST. Ach, daß Gewerb und Pflicht uns dazu treiben!
  Mit wie viel Schmerz verläßt man manchen Ort
  Und darf doch nun einmal nicht bleiben!
MARTHE. In raschen Jahren gehts wohl an,
  So um und um frei durch die Welt zu streifen;
  Doch kömmt die böse Zeit heran,
  Und sich als Hagestolz allein zum Grab zu schleifen,
  Das hat noch keinem wohl getan.
MEPHIST. Mit Grausen seh ich das von weiten.
MARTHE. Drum, werter Herr, beratet Euch in Zeiten!
  Gehn vorüber.
MARGARETE. Ja, aus den Augen, aus dem Sinn!
  Die Höflichkeit ist Euch geläufig;
  Allein Ihr habt der Freude häufig,
  Sie sind verständiger, als ich bin.
FAUST. O Beste! glaube, was man so verständig nennt,
  Ist oft mehr Eitelkeit und Kurzsinn.
MARGARETE.   Wie?
FAUST. Ach, daß die Einfalt, daß die Unschuld nie
  Sich selbst und ihren heilgen Wert erkennt!
  Daß Demut, Niedrigkeit, die höchsten Gaben
  Der liebevoll austeilenden Natur –
MARGARETE. Denkt Ihr an mich ein Augenblickchen nur,
  Ich werde Zeit genug an Euch zu denken haben.
FAUST. Ihr seid wohl viel allein?

MARGARETE. Ja, unsre Wirtscdaft ist nur klein,
Und doch will sie versehen sein.
Wir haben keine Magd; muß kochen, fegen, stricken
Und nähn und laufen früh und spat,
Und meine Mutter ist in allen Stücken
So akkurat!
Nicht, daß sie just so sehr sich einzuschränken hat;
Wir könnten uns weit eh'r als andre regen:
Mein Vater hinterließ ein hübsch Vermögen,
Ein Häuschen und ein Gärtchen vor der Stadt.
Doch hab ich jetzt so ziemlich stille Tage:
Mein Bruder ist Soldat,
Mein Schwesterchen ist tot.
Ich hatte mit dem Kind wohl meine liebe Not;
Doch übernähm ich gern noch einmal alle Plage,
So lieb war mir das Kind.
FAUST.   Ein Engel, wenn dirs glich!
MARGARETE. Ich zog es auf, und herzlich liebt' es mich.
Es war nach meines Vaters Tod geboren;
Die Mutter gaben wir verloren,
So elend wie sie damals lag,
Und sie erholte sich sehr langsam, nach und nach.
Da konnte sie nun nicht dran denken,
Das arme Würmchen selbst zu tränken,
Und so erzog ichs ganz allein,
Mit Milch und Wasser: so wards mein.
Auf meinem Arm, in meinem Schoß
Wars freundlich, zappelte, ward groß.
FAUST. Du hast gewiß das reinste Glück empfunden.
MARGARETE.
Doch auch gewiß gar manche schwere Stunden.
Des Kleinen Wiege stand zu Nacht
An meinem Bett: es durfte kaum sich regen,
War ich erwacht;

Bald mußt ichs tränken, bald es zu mir legen,
Bald, wenns nicht schwieg, vom Bett aufstehn
Und tänzelnd in der Kammer auf und nieder gehn,
Und früh am Tage schon am Waschtrog stehn,
Dann auf dem Markt und an dem Herde sorgen,
Und immer fort wie heut so morgen.
Da gehts, mein Herr, nicht immer mutig zu;
Doch schmeckt dafür das Essen, schmeckt die Ruh.
Gehn vorüber.

MARTHE. Die armen Weiber sind doch übel dran:
Ein Hagestolz ist schwerlich zu bekehren.

MEPHIST. Es käme nur auf Euresgleichen an,
Mich eines Bessern zu belehren.

MARTHE.
Sagt grad, mein Herr: habt Ihr noch nichts gefunden?
Hat sich das Herz nicht irgendwo gebunden?

MEPHIST. Das Sprichwort sagt: Ein eigner Herd,
Ein braves Weib sind Gold und Perlen wert.

MARTHE. Ich meine: ob Ihr niemals Lust bekommen?

MEPHISTOPHELES.
Man hat mich überall recht höflich aufgenommen.

MARTHE.
Ich wollte sagen: wards nie Ernst in Eurem Herzen?

MEPHISTOPHELES.
Mit Frauen soll man sich nie unterstehn zu scherzen.

MARTHE.
Ach, Ihr versteht mich nicht!

MEPHISTOPHELES.   Das tut mir herzlich leid!
Doch ich versteh – daß Ihr sehr gütig seid.
Gehn vorüber.

FAUST. Du kanntest mich, o kleiner Engel, wieder,
Gleich als ich in den Garten kam?

MARGARETE. Saht Ihr es nicht? ich schlug die Augen nieder.

FAUST. Und du verzeihst die Freiheit, die ich nahm?

Was sich die Frechheit unterfangen,
Als du jüngst aus dem Dom gegangen?

MARGARETE. Ich war bestürzt, mir war das nie geschehn;
Es konnte niemand von mir Übels sagen.
Ach, dacht ich, hat er in deinem Betragen
Was Freches, Unanständiges gesehn?
Es schien ihn gleich nur anzuwandeln,
Mit dieser Dirne gradehin zu handeln.
Gesteh ichs doch: ich wußte nicht, was sich
Zu Eurem Vorteil hier zu regen gleich begonnte;
Allein gewiß, ich war recht bös auf mich,
Daß ich auf Euch nicht böser werden konnte.

FAUST.
Süß Liebchen!

MARGARETE.   Laßt einmal!

*Sie pflückt eine Sternblume und zupft die Blätter ab, eins nach
dem andern.*

FAUST.   Was soll das? Einen Strauß?

MARGARETE.
Nein, es soll nur ein Spiel.

FAUST.   Wie?

MARGARETE.   Geht! Ihr lacht mich aus.

  Sie rupft und murmelt.

FAUST. Was murmelst du?

MARGARETE *halblaut*.   Er liebt mich – liebt mich nicht –

FAUST. Du holdes Himmelsangesicht!

MARGARETE *fährt fort*.
Liebt mich – nicht – liebt mich – nicht –
Das letzte Blatt ausrupfend, mit holder Freude.
Er liebt mich!

FAUST. Ja, mein Kind! Laß dieses Blumenwort
Dir Götterausspruch sein! Er liebt dich!
Verstehst du, was das heißt? Er liebt dich!
Er umfaßt ihre beiden Hände.

138

MARGARETE. Mich überläufts!

FAUST. O schaudre nicht! Laß diesen Blick,

Laß diesen Händedruck dir sagen,

Was unaussprechlich ist:

Sich hinzugeben ganz und eine Wonne

Zu fühlen, die ewig sein muß!

Ewig! – Ihr Ende würde Verzweiflung sein.

Nein, kein Ende! kein Ende!

Margarete drückt ihm die Hände, macht sich los und läuft weg.

Er steht einen Augenblick in Gedanken, dann folgt er ihr.

MARTHE *kommend.*

Die Nacht bricht an.

MEPHISTOPHELES.   Ja, und wir wollen fort.

MARTHE. Ich bät Euch, länger hier zu bleiben;

Allein es ist ein gar zu böser Ort:

Es ist, als hätte niemand nichts zu treiben

Und nichts zu schaffen,

Als auf des Nachbarn Schritt und Tritt zu gaffen,

Und man kommt ins Gered, wie man sich immer stellt. –

Und unser Pärchen?

MEPHISTOPHELES.   Ist den Gang dort aufgeflogen.

Mutwillge Sommervögel!

MARTHE.   Er scheint ihr gewogen.

MEPHIST. Und sie ihm auch. Das ist der Lauf der Welt.

EIN GARTENHÄUSCHEN

Margarete springt herein, steckt sich hinter die Tür, hält die
Fingerspitze an die Lippen und guckt durch die Ritze.

MARGARETE. Er kommt!

FAUST *kommt.*   Ach Schelm, so neckst du mich!

Treff ich dich! *Er küßt sie.*

MARGARETE *ihn fassend und den Kuß zurückgebend.*

Bester Mann! von Herzen lieb ich dich!

Mephistopheles klopft an.

FAUST *stampfend.*

Wer da?

MEPHISTOPHELES.

Gut Freund!

FAUST. Ein Tier!

MEPHISTOPHELES. Es ist wohl Zeit zu scheiden.

MARTHE *kommt.*

Ja, es ist spät, mein Herr.

FAUST. Darf ich Euch nicht geleiten?

MARGARETE.

Die Mutter würde mich–! Lebt wohl!

FAUST. Muß ich denn gehn?

Lebt wohl!

MARTHE. Ade!

MARGARETE. Auf baldig Wiedersehn!

Faust und Mephistopheles ab.

MARGARETE.

Du lieber Gott! was so ein Mann
Nicht alles, alles denken kann!
Beschämt nur steh ich vor ihm da
Und sag zu allen Sachen ja.
Bin doch ein arm unwissend Kind,
Begreife nicht, was er an mir find't. *Ab.*

WALD UND HÖHLE

FAUST *allein.*

Erhabner Geist, du gabst mir, gabst mir alles,
Warum ich bat. Du hast mir nicht umsonst
Dein Angesicht im Feuer zugewendet.
Gabst mir die herrliche Natur zum Königreich,

Kraft, sie zu fühlen, zu genießen. Nicht
Kalt staunenden Besuch erlaubst du nur,
Vergönnest mir, in ihre tiefe Brust
Wie in den Busen eines Freunds zu schauen.
Du führst die Reihe der Lebendigen
Vor mir vorbei und lehrst mich meine Brüder
Im stillen Busch, in Luft und Wasser kennen.
Und wenn der Sturm im Walde braust und knarrt,
Die Riesenfichte, stürzend, Nachbaräste
Und Nachbarstämme quetschend niederstreift
Und ihrem Fall dumpf-hohl der Hügel donnert,
Dann führst du mich zur sichern Höhle, zeigst
Mich dann mir selbst, und meiner eignen Brust
Geheime, tiefe Wunder öffnen sich.
Und steigt vor meinem Blick der reine Mond
Besänftigend herüber, schweben mir
Von Felsenwänden, aus dem feuchten Busch
Der Vorwelt silberne Gestalten auf
Und lindern der Betrachtung strenge Lust.
O daß dem Menschen nichts Vollkommnes wird,
Empfind ich nun. Du gabst zu dieser Wonne,
Die mich den Göttern nah und näher bringt,
Mir den Gefährten, den ich schon nicht mehr
Entbehren kann, wenn er gleich, kalt und frech,
Mich vor mir selbst erniedrigt und zu Nichts,
Mit einem Worthauch, deine Gaben wandelt.
Er facht in meiner Brust ein wildes Feuer
Nach jenem schönen Bild geschäftig an.
So tauml ich von Begierde zu Genuß,
Und im Genuß verschmacht ich nach Begierde.
Mephistopheles tritt auf.
MEPHIST. Habt Ihr nun bald das Leben gnug geführt?
Wie kanns Euch in die Länge freuen?
Es ist wohl gut, daß mans einmal probiert;

Dann aber wieder zu was Neuen!

FAUST. Ich wollt, du hättest mehr zu tun,
Als mich am guten Tag zu plagen.

MEPHIST. Nun, nun! ich laß dich gerne ruhn,
Du darfst mirs nicht im Ernste sagen.
An dir Gesellen, unhold, barsch und toll,
Ist wahrlich wenig zu verlieren.
Den ganzen Tag hat man die Hände voll!
Was ihm gefällt und was man lassen soll,
Kann man dem Herrn nie an der Nase spüren.

FAUST. Das ist so just der rechte Ton!
Er will noch Dank, daß er mich ennuyiert.

MEPHIST. Wie hättst du, armer Erdensohn,
Dein Leben ohne mich geführt?
Vom Kribskrabs der Imagination
Hab ich dich doch auf Zeiten lang kuriert;
Und wär ich nicht, so wärst du schon
Von diesem Erdball abspaziert.
Was hast du da in Höhlen, Felsenritzen
Dich wie ein Schuhu zu versitzen?
Was schlurfst aus dumpfem Moos und triefendem Gestein
Wie eine Kröte Nahrung ein?
Ein schöner, süßer Zeitvertreib!
Dir steckt der Doktor noch im Leib.

FAUST. Verstehst du, was für neue Lebenskraft
Mir dieser Wandel in der Öde schafft?
Ja, würdest du es ahnen können,
Du wärest Teufel gnug, mein Glück mir nicht zu gönnen!

MEPHIST. Ein überirdisches Vergnügen!
In Nacht und Tau auf den Gebirgen liegen,
Und Erd und Himmel wonniglich umfassen,
Zu einer Gottheit sich aufschwellen lassen,
Der Erde Mark mit Ahnungsdrang durchwühlen,
Alle sechs Tagewerk' im Busen fühlen,

In stolzer Kraft ich weiß nicht was genießen,
Bald liebewonniglich in alles überfließen,
Verschwunden ganz der Erdensohn,
Und dann die hohe Intuition –
Mit einer Gebärde.
Ich darf nicht sagen, wie – zu schließen!
FAUST. Pfui über dich!
MEPHISTOPHELES.   Das will Euch nicht behagen;
Ihr habt das Recht, gesittet Pfui zu sagen.
Man darf das nicht vor keuschen Ohren nennen,
Was keusche Herzen nicht entbehren können.
Und kurz und gut: ich gönn Ihm das Vergnügen,
Gelegentlich sich etwas vorzulügen;
Doch lange hält Er das nicht aus.
Du bist schon wieder abgetrieben,
Und, währt es länger, aufgerieben
In Tollheit oder Angst und Graus.
Genug damit! – Dein Liebchen sitzt dadrinne,
Und alles wird ihr eng und trüb.
Du kommst ihr gar nicht aus dem Sinne,
Sie hat dich übermächtig lieb.
Erst kam deine Liebeswut übergeflossen,
Wie vom geschmolznen Schnee ein Bächlein übersteigt;
Du hast sie ihr ins Herz gegossen –
Nun ist dein Bächlein wieder seicht.
Mich dünkt: anstatt in Wäldern zu thronen,
Ließ’ es dem großen Herren gut,
Das arme affenjunge Blut
Für seine Liebe zu belohnen.
Die Zeit wird ihr erbärmlich lang;
Sie steht am Fenster, sieht die Wolken ziehn
Über die alte Stadtmauer hin.
›Wenn ich ein Vöglein wär!‹ so geht ihr Gesang
Tage lang, halbe Nächte lang.

Einmal ist sie munter, meist betrübt,
Einmal recht ausgeweint,
Dann wieder ruhig, wie's scheint –
Und immer verliebt!

FAUST. Schlange! Schlange!

MEPHIST. *für sich.* Gelt, daß ich dich fange!

FAUST. Verruchter! hebe dich von hinnen
Und nenne nicht das schöne Weib!
Bring die Begier zu ihrem süßen Leib
Nicht wieder vor die halb verrückten Sinnen!

MEPHIST. Was soll es denn? Sie meint, du seist entflohen,
Und halb und halb bist du es schon.

FAUST. Ich bin ihr nah, und wär ich noch so fern,
Ich kann sie nie vergessen, nie verlieren;
Ja, ich beneide schon den Leib des Herrn,
Wenn ihre Lippen ihn indes berühren!

MEPHISTOPHELES.
Gar wohl, mein Freund! Ich hab Euch oft beneidet
Ums Zwillingspaar, das unter Rosen weidet.

FAUST. Entfliehe, Kuppler!

MEPHISTOPHELES. Schön! Ihr schimpft, und ich muß lachen.
Der Gott, der Bub und Mädchen schuf,
Erkannte gleich den edelsten Beruf,
Auch selbst Gelegenheit zu machen.
Nur fort, es ist ein großer Jammer!
Ihr sollt in Eures Liebchens Kammer,
Nicht etwa in den Tod!

FAUST. Was ist die Himmelsfreud in ihren Armen?
Laß mich an ihrer Brust erwarmen:
Fühl ich nicht immer ihre Not?
Bin ich der Flüchtling nicht? der Unbehauste?
Der Unmensch ohne Zweck und Ruh,
Der wie ein Wassersturz von Fels zu Felsen brauste,
Begierig wütend, nach dem Abgrund zu?

Und seitwärts sie, mit kindlich dumpfen Sinnen,
Im Hüttchen auf dem kleinen Alpenfeld,
Und all ihr häusliches Beginnen
Umfangen in der kleinen Welt.
Und ich, der Gottverhaßte,
Hatte nicht genug,
Daß ich die Felsen faßte
Und sie zu Trümmern schlug!
Sie, ihren Frieden mußt ich untergraben!
Du, Hölle, mußtest dieses Opfer haben!
Hilf, Teufel, mir die Zeit der Angst verkürzen!
Was muß geschehn, mags gleich geschehn!
Mag ihr Geschick auf mich zusammenstürzen
Und sie mit mir zugrunde gehn!
MEPHIST. Wie's wieder siedet, wieder glüht!
Geh ein und tröste sie, du Tor!
Wo so ein Köpfchen keinen Ausgang sieht,
Stellt er sich gleich das Ende vor.
Es lebe, wer sich tapfer hält!
Du bist doch sonst so ziemlich eingeteufelt.
Nichts Abgeschmackters find ich auf der Welt
Als einen Teufel, der verzweifelt.

GRETCHENS STUBE

GRETCHEN *am Spinnrade, allein.*
Meine Ruh ist hin,
Mein Herz ist schwer;
Ich finde sie nimmer
Und nimmermehr.

Wo ich ihn nicht hab,
Ist mir das Grab,

Die ganze Welt
Ist mir vergällt.

Mein armer Kopf
Ist mir verrückt.
Mein armer Sinn
Ist mir zerstückt.

Meine Ruh ist hin,
Mein Herz ist schwer;
Ich finde sie nimmer
Und nimmermehr.

Nach ihm nur schau ich
Zum Fenster hinaus,
Nach ihm nur geh ich
Aus dem Haus.

Sein hoher Gang,
Sein' edle Gestalt,
Seines Mundes Lächeln,
Seiner Augen Gewalt,

Und seiner Rede
Zauberfluß,
Sein Händedruck,
Und ach, sein Kuß!

Meine Ruh ist hin,
Mein Herz ist schwer;
Ich finde sie nimmer
Und nimmermehr.

Mein Busen drängt

Sich nach ihm hin:
Ach, dürft ich fassen
Und halten ihn.

Und küssen ihn,
So wie ich wollt,
An seinen Küssen
Vergehen sollt!

MARTHENS GARTEN
Margarete, Faust.

MARGARETE. Versprich mir, Heinrich!

FAUST.   Was ich kann!

MARGARETE. Nun sag: wie hast du's mit der Religion?
  Du bist ein herzlich guter Mann,
  Allein ich glaub, du hältst nicht viel davon.

FAUST. Laß das, mein Kind! Du fühlst, ich bin dir gut;
  Für meine Lieben ließ' ich Leib und Blut,
  Will niemand sein Gefühl und seine Kirche rauben.

MARGARETE. Das ist nicht recht, man muß dran glauben!

FAUST. Muß man?

MARGARETE.   Ach, wenn ich etwas auf dich könnte!
  Du ehrst auch nicht die heilgen Sakramente.

FAUST. Ich ehre sie.

MARGARETE.   Doch ohne Verlangen.
  Zur Messe, zur Beichte bist du lange nicht gegangen.
  Glaubst du an Gott?

FAUST.   Mein Liebchen, wer darf sagen:
  Ich glaub an Gott!
  Magst Priester oder Weise fragen,
  Und ihre Antwort scheint nur Spott
  Über den Frager zu sein.

MARGARETE.   So glaubst du nicht?

FAUST. Mißhör mich nicht, du holdes Angesicht!

    Wer darf ihn nennen
    Und wer bekennen:
    Ich glaub ihn!
    Wer empfinden
    Und sich unterwinden
    Zu sagen: ich glaub ihn nicht!
    Der Allumfasser,
    Der Allerhalter,
    Faßt und erhält er nicht
    Dich, mich, sich selbst?
    Wölbt sich der Himmel nicht dadroben?
    Liegt die Erde nicht hierunten fest?
    Und steigen freundlich blickend
    Ewige Sterne nicht herauf?
    Schau ich nicht Aug in Auge dir,
    Und drängt nicht alles
    Nach Haupt und Herzen dir
    Und webt in ewigem Geheimnis
    Unsichtbar sichtbar neben dir?
    Erfüll davon dein Herz, so groß es ist,
    Und wenn du ganz in dem Gefühle selig bist,
    Nenn es dann, wie du willst:
    Nenns Glück! Herz! Liebe! Gott!
    Ich habe keinen Namen
    Dafür! Gefühl ist alles;
    Name ist Schall und Rauch,
    Umnebelnd Himmelsglut.

MARGARETE. Das ist alles recht schön und gut;
    Ungefähr sagt das der Pfarrer auch,
    Nur mit ein bißchen andern Worten.

FAUST. Es sagens aller Orten
    Alle Herzen unter dem himmlischen Tage,

Jedes in seiner Sprache;
Warum nicht ich in der meinen?

MARGARETE. Wenns mans so hört, möchts leidlich scheinen,
Steht aber doch immer schief darum;
Denn du hast kein Christentum.

FAUST. Liebs Kind!

MARGARETE.   Es tut mir lang schon weh,
Daß ich dich in der Gesellschaft seh.

FAUST. Wieso?

MARGARETE. Der Mensch, den du da bei dir hast,
Ist mir in tiefer innrer Seele verhaßt;
Es hat mir in meinem Leben
So nichts einen Stich ins Herz gegeben
Als des Menschen widrig Gesicht.

FAUST. Liebe Puppe, fürcht ihn nicht!

MARGARETE. Seine Gegenwart bewegt mir das Blut.
Ich bin sonst allen Menschen gut;
Aber wie ich mich sehne, dich zu schauen,
Hab ich vor dem Menschen ein heimlich Grauen,
Und halt ihn für einen Schelm dazu!
Gott verzeih mirs, wenn ich ihm Unrecht tu!

FAUST. Es muß auch solche Käuze geben.

MARGARETE. Wollt nicht mit seinesgleichen leben!
Kommt er einmal zur Tür herein,
Sieht er immer so spöttisch drein
Und halb ergrimmt;
Man sieht, daß er an nichts keinen Anteil nimmt;
Es steht ihm an der Stirn geschrieben,
Daß er nicht mag eine Seele lieben.
Mir wirds so wohl in deinem Arm,
So frei, so hingegeben warm,
Und seine Gegenwart schnürt mir das Innre zu.

FAUST. Du ahnungsvoller Engel du!

MARGARETE. Das übermannt mich so sehr,

Daß, wo er nur mag zu uns treten,
Mein' ich sogar, ich liebte dich nicht mehr.
Auch, wenn er da ist, könnt ich nimmer beten,
Und das frißt mir ins Herz hinein;
Dir, Heinrich, muß es auch so sein.

FAUST. Du hast nun die Antipathie!

MARGARETE. Ich muß nun fort.

FAUST.   Ach, kann ich nie
Ein Stündchen ruhig dir am Busen hängen
Und Brust an Brust und Seel in Seele drängen?

MARGARETE. Ach, wenn ich nur alleine schlief'!
Ich ließ' dir gern heut nacht den Riegel offen;
Doch meine Mutter schläft nicht tief,
Und würden wir von ihr betroffen,
Ich wär gleich auf der Stelle tot!

FAUST. Du Engel, das hat keine Not.
Hier ist ein Fläschchen! Drei Tropfen nur
In ihren Trank umhüllen
Mit tiefem Schlaf gefällig die Natur.

MARGARETE. Was tu ich nicht um deinetwillen?
Es wird ihr hoffentlich nicht schaden!

FAUST. Würd ich sonst, Liebchen, dir es raten?

MARGARETE. Seh ich dich, bester Mann, nur an,
Weiß nicht, was mich nach deinem Willen treibt;
Ich habe schon so viel für dich getan,
Daß mir zu tun fast nichts mehr übrig bleibt. *Ab.*

Mephistopheles tritt auf.

MEPHIST. Der Grasaff! ist er weg?

FAUST.   Hast wieder spioniert?

MEPHIST. Ich habs ausführlich wohl vernommen:
Herr Doktor wurden da katechisiert;
Hoff, es soll Ihnen wohl bekommen.
Die Mädels sind doch sehr interessiert,
Ob einer fromm und schlicht nach altem Brauch.

Sie denken: duckt er da, folgt er uns eben auch..
FAUST. Du Ungeheuer siehst nicht ein,
  Wie diese treue, liebe Seele,
  Von ihrem Glauben voll,
  Der ganz allein
  Ihr seligmachend ist, sich heilig quäle,
  Daß sie den liebsten Mann verloren halten soll.
MEPHIST. Du übersinnlicher, sinnlicher Freier,
  Ein Mägdelein nasführet dich.
FAUST. Du Spottgeburt von Dreck und Feuer!
MEPHIST. Und die Physiognomie versteht sie meisterlich:
  In meiner Gegenwart wirds ihr, sie weiß nicht wie,
  Mein Mäskchen da weissagt verborgnen Sinn;
  Sie fühlt, daß ich ganz sicher ein Genie,
  Vielleicht wohl gar der Teufel bin. –
  Nun, heute nacht –?
FAUST.   Was geht dichs an?
MEPHIST. Hab ich doch meine Freude dran!

AM BRUNNEN
Gretchen und Lieschen mit Krügen.

LIESCHEN. Hast nichts von Bärbelchen gehört?
GRETCHEN. Kein Wort! Ich komm gar wenig unter Leute.
LIESCHEN. Gewiß, Sibylle sagt' mirs heute:
  Die hat sich endlich auch betört.
  Das ist das Vornehmtun!
GRETCHEN.   Wieso?
LIESCHEN.   Es stinkt!
  Sie füttert zwei, wenn sie nun ißt und trinkt.
GRETCHEN. Ach!
LIESCHEN. So ists ihr endlich recht ergangen.
  Wie lange hat sie an dem Kerl gehangen!

Das war ein Spazieren,
Auf Dorf und Tanzplatz Führen,
Mußt überall die Erste sein,
Kurtesiert' ihr immer mit Pastetchen und Wein,
Bildt' sich was auf ihre Schönheit ein;
War doch so ehrlos, sich nicht zu schämen,
Geschenke von ihm anzunehmen.
War ein Gekos und ein Geschleck;
Da ist denn auch das Blümchen weg!

GRETCHEN. Das arme Ding!

LIESCHEN.   Bedauerst sie noch gar!
Wenn unsereins am Spinnen war,
Uns nachts die Mutter nicht hinunterließ,
Stand sie bei ihrem Buhlen süß;
Auf der Türbank und im dunkeln Gang
Ward ihnen keine Stunde zu lang.
Da mag sie denn sich ducken nun,
Im Sünderhemdchen Kirchbuß tun!

GRETCHEN. Er nimmt sie gewiß zu seiner Frau.

LIESCHEN. Er wär ein Narr! Ein flinker Jung
Hat anderwärts noch Luft genung.
Er ist auch fort.

GRETCHEN.   Das ist nicht schön!

LIESCHEN. Kriegt sie ihn, solls ihr übel gehn:
Das Kränzel reißen die Buben ihr,
Und Häckerling streuen wir vor die Tür! *Ab.*

GRETCHEN *nach Hause gehend.*
Wie konnt ich sonst so tapfer schmälen,
Wenn tät ein armes Mägdlein fehlen!
Wie konnt ich über andrer Sünden
Nicht Worte gnug der Zunge finden!
Wie schien mirs schwarz, und schwärzts noch gar,
Mirs immer doch nicht schwarz gnug war,
Und segnet mich und tat so groß,

Und bin nun selbst der Sünde bloß!
Doch – alles, was dazu mich trieb,
Gott! war so gut! ach, war so lieb!

ZWINGER

In der Mauerhöhle ein Andachtsbild der Mater dolorosa,
Blumenkrüge davor.

GRETCHEN *steckt frische Blumen in die Krüge.*
Ach neige,
Du Schmerzenreiche,
Dein Antlitz gnädig meiner Not!

Das Schwert im Herzen,
Mit tausend Schmerzen
Blickst auf zu deines Sohnes Tod.

Zum Vater blickst du,
Und Seufzer schickst du
Hinauf um sein' und deine Not.

Wer fühlet
Wie wühlet
Der Schmerz mir im Gebein?
Was mein armes Herz hier banget,
Was es zittert, was verlanget,
Weißt nur du, nur du allein!

Wohin ich immer gehe,
Wie weh, wie weh, wie wehe
Wird mir im Busen hier!
Ich bin, ach! kaum alleine,
Ich wein, ich wein, ich weine,

Das Herz zerbricht in mir.

Die Scherben vor meinem Fenster
Betaut ich mit Tränen, ach!
Als ich am frühen Morgen
Dir diese Blumen brach.

Schien hell in meine Kammer
Die Sonne früh herauf,
Saß ich in allem Jammer
In meinem Bett schon auf.

Hilf! rette mich von Schmach und Tod!
Ach neige,
Du Schmerzenreiche,
Dein Antlitz gnädig meiner Not!

NACHT
Straße vor Gretchens Türe.

VALENTIN. *Soldat, Gretchens Bruder.*
   Wenn ich so saß bei einem Gelag,
   Wo mancher sich berühmen mag,
   Und die Gesellen mir den Flor
   Der Mägdlein laut gepriesen vor,
   Mit vollem Glas das Lob verschwemmt
   Den Ellenbogen aufgestemmt,
   Saß ich in meiner sichern Ruh,
   Hört all dem Schwadronieren zu
   Und streiche lächelnd meinen Bart
   Und kriege das volle Glas zur Hand
   Und sage: Alles nach seiner Art!
   Aber ist Eine im ganzen Land,

Die meiner trauten Gretel gleicht,
Die meiner Schwester das Wasser reicht?
Topp! Topp! Kling! Klang! das ging herum!
Die einen schrieen: ›Er hat recht,
Sie ist die Zier vom ganzen Geschlecht!‹
Da saßen alle die Lober stumm.
Und nun! – um 's Haar sich auszuraufen
Und an den Wänden hinaufzulaufen! –
Mit Stichelreden, Naserümpfen
Soll jeder Schurke mich beschimpfen!
Soll wie ein böser Schuldner sitzen,
Bei jedem Zufallswörtchen schwitzen!
Und möcht ich sie zusammenschmeißen,
Könnt ich sie doch nicht Lügner heißen.

Was kommt heran? was schleicht herbei?
Irr ich nicht, es sind ihrer zwei.
Ist ers, gleich pack ich ihn beim Felle:
Soll nicht lebendig von der Stelle!

Faust, Mephistopheles.

FAUST. Wie von dem Fenster dort der Sakristei
Aufwärts der Schein des ewgen Lämpchens flämmert
Und schwach und schwächer seitwärts dämmert,
Und Finsternis drängt ringsum bei!
So siehts in meinem Busen nächtig.

MEPHISTOPHELES.
Und mir ists wie dem Kätzlein schmächtig,
Das an den Feuerleitern schleicht,
Sich leis dann um die Mauern streicht;
Mir ists ganz tugendlich dabei,
Ein bißchen Diebsgelüst, ein bißchen Rammelei.
So spukt mir schon durch alle Glieder
Die herrliche Walpurgisnacht.

Die kommt uns übermorgen wieder,
Da weiß man doch, warum man wacht.

FAUST. Rückt wohl der Schatz indessen in die Höh,
Den ich dort hinten flimmern seh?

MEPHIST. Du kannst die Freude bald erleben,
Das Kesselchen herauszuheben.
Ich schielte neulich so hinein:
Sind herrliche Löwentaler drein.

FAUST. Nicht ein Geschmeide, nicht ein Ring,
Meine liebe Buhle damit zu zieren?

MEPHIST. Ich sah dabei wohl so ein Ding
Als wie eine Art von Perlenschnüren.

FAUST. So ist es recht! Mir tut es weh,
Wenn ich ohne Geschenke zu ihr geh.

MEPHIST. Es sollt Euch eben nicht verdrießen,
Umsonst auch etwas zu genießen. –
Jetzt, da der Himmel voller Sterne glüht,
Sollt Ihr ein wahres Kunststück hören:
Ich sing ihr ein moralisch Lied,
Um sie gewisser zu betören.

Singt zur Zither.
Was machst du mir
Vor Liebchens Tür,
Kathrinchen, hier
Bei frühem Tagesblicke?
Laß, laß es ein!
Er läßt dich ein,
Als Mädchen ein,
Als Mädchen nicht zurücke.

Nehmt euch in acht!
Ist es vollbracht,
Dann gute Nacht,

Ihr armen, armen Dinger!
Habt ihr euch lieb,
Tut keinem Dieb
Nur nichts zulieb
Als mit dem Ring am Finger!

VALENTIN *tritt vor.*

  Wen lockst du hier? beim Element!
  Vermaledeiter Rattenfänger!
  Zum Teufel erst das Instrument!
  Zum Teufel hinterdrein den Sänger!

MEPHIST. Die Zither ist entzwei! an der ist nichts zu halten.

VALENTIN. Nun soll es an ein Schädelspalten!

MEPHIST. *zu Faust.* Herr Doktor, nicht gewichen! Frisch!
  Hart an mich an, wie ich Euch führe!
  Heraus mit Eurem Flederwisch!
  Nur zugestoßen! ich pariere.

VALENTIN. Pariere den!

MEPHISTOPHELES.   Warum denn nicht?

VALENTIN. Auch den!

MEPHISTOPHELES.   Gewiß!

VALENTIN.   Ich glaub, der Teufel ficht!
  Was ist denn das? Schon wird die Hand mir lahm!

MEPHISTOPHELES *zu Faust.*

  Stoß zu!

VALENTIN *fällt.* O weh!

MEPHISTOPHELES.   Nun ist der Lümmel zahm!
  Nun aber fort! wir müssen gleich verschwinden;
  Denn schon entsteht ein mörderlich Geschrei.
  Ich weiß mich trefflich mit der Polizei,
  Doch mit dem Blutbann schlecht mich abzufinden.

MARTHE *am Fenster.* Heraus! heraus!

GRETCHEN *am Fenster.*   Herbei ein Licht!

MARTHE *wie oben.* Man schilt und rauft, man schreit und ficht!

VOLK. Da liegt schon einer tot!

MARTHE *heraustretend.* Die Mörder, sind sie denn entflohn?

GRETCHEN *heraustretend.* Wer liegt hier?

VOLK.   Deiner Mutter Sohn!

GRETCHEN. Allmächtiger! welche Not!

VALENTIN. Ich sterbe! Das ist bald gesagt
   Und bälder noch getan.
   Was steht ihr Weiber, heult und klagt?
   Kommt her und hört mich an!
   Alle treten um ihn.
   Mein Gretchen, sieh! du bist noch jung,
   Bist gar noch nicht gescheit genung,
   Machst deine Sachen schlecht.
   Ich sag dirs im Vertrauen nur:
   Du bist doch nun einmal eine Hur;
   So sei's auch eben recht!

GRETCHEN. Mein Bruder! Gott! Was soll mir das?

VALENTIN. Laß unsern Herrgott aus dem Spaß!
   Geschehn ist leider nun geschehn,
   Und wie es gehn kann, so wirds gehn.
   Du fingst mit Einem heimlich an,
   Bald kommen ihrer mehre dran,
   Und wenn dich erst ein Dutzend hat,
   So hat dich auch die ganze Stadt.
   Wenn erst die Schande wird geboren,
   Wird sie heimlich zur Welt gebracht,
   Und man zieht den Schleier der Nacht
   Ihr über Kopf und Ohren;
   Ja, man möchte sie gern ermorden.
   Wächst sie aber und macht sich groß
   Dann geht sie auch bei Tage bloß
   Und ist doch nicht schöner geworden.
   Je häßlicher wird ihr Gesicht,
   Je mehr sucht sie des Tages Licht.

Ich seh wahrhaftig schon die Zeit,
Daß alle brave Bürgersleut
Wie von einer angesteckten Leichen
Von dir, du Metze! seitab weichen.
Dir soll das Herz im Leib verzagen,
Wenn sie dir in die Augen sehn!
Sollst keine goldne Kette mehr tragen!
In der Kirche nicht mehr am Altar stehn!
In einem schönen Spitzenkragen
Dich nicht beim Tanze wohlbehagen!
In eine finstre Jammerecken
Unter Bettler und Krüppel dich verstecken,
Und wenn dir dann auch Gott verzeiht,
Auf Erden sei vermaledeit!

MARTHE. Befehlt Eure Seele Gott zu Gnaden!
Wollt Ihr noch Lästrung auf Euch laden?

VALENTIN. Könnt ich dir nur an den dürren Leib,
Du schändlich kupplerisches Weib!
Da hofft ich aller meiner Sünden
Vergebung reiche Maß zu finden.

GRETCHEN. Mein Bruder! Welche Höllenpein!

VALENTIN. Ich sage, laß die Tränen sein!
Da du dich sprachst der Ehre los,
Gabst mir den schwersten Herzensstoß.
Ich gehe durch den Todesschlaf
Zu Gott ein als Soldat und brav. *Stirbt.*

DOM
Amt, Orgel und Gesang. Gretchen unter vielem Volke.
Böser Geist hinter Gretchen.

BÖSER GEIST. Wie anders, Gretchen, war dirs,
Als du noch voll Unschuld

Hier zum Altar tratst,
Aus dem vergriffnen Büchelchen
Gebete lalltest,
Halb Kinderspiele,
Halb Gott im Herzen!
Gretchen!
Wo steht dein Kopf?
In deinem Herzen
Welche Missetat?
Betst du für deiner Mutter Seele, die
Durch dich zur langen, langen Pein hinüberschlief?
Auf deiner Schwelle wessen Blut? –
Und unter deinem Herzen
Regt sichs nicht quillend schon
Und ängstet dich und sich
Mit ahnungsvoller Gegenwart?

GRETCHEN.

Weh!Weh!
Wär ich der Gedanken los.
Die mir herüber und hinüber gehen,
Wider mich!

CHOR.

Dies irae, dies illa
Solvet saeclum in favilla.
Orgelton.

BÖSER GEIST.

Grimm faßt dich!
Die Posaune tönt!
Die Gräber beben!
Und dein Herz,
Aus Aschenruh
Zu Flammenqualen
Wieder aufgeschaffen,
Bebt auf!

GRETCHEN.

  Wär ich hier weg!
  Mir ist, als ob die Orgel mir
  Den Atem versetzte,
  Gesang mein Herz
  Im Tiefsten löste.

CHOR.

  Index ergo cum sedebit,
  Quidquid latet adparebit,
  Nil inultum remanebit.

GRETCHEN.

  Mir wird so eng!
  Die Mauernpfeiler
  Befangen mich!
  Das Gewölbe
  Drängt mich! – Luft!

BÖSER GEIST.

  Verbirg dich! Sünd und Schande
  Bleibt nicht verborgen.
  Luft? Licht?
  Weh dir!

CHOR.

  Quid sum miser tunc dicturus?
  Quem patronum rogaturus,
  Cum vix justus sit securus?

BÖSER GEIST.

  Ihr Antlitz wenden
  Verklärte von dir ab.
  Die Hände dir zu reichen,
  Schauerts den Reinen.
  Weh!

CHOR.

  Quid sum miser tunc dicturus?

GRETCHEN.

   Nachbarin! Euer Fläschchen! –
   Sie fällt in Ohnmacht.

WALPURGISNACHT
Harzgebirg. Gegend von Schierke und Elend.
Faust, Mephistopheles.

MEPHIST. Verlangst du nicht nach einem Besenstiele?
   Ich wünschte mir den allerderbsten Bock.
   Auf diesem Weg sind wir noch weit vom Ziele.
FAUST. Solang ich mich noch frisch auf meinen Beinen fühle,
   Genügt mir dieser Knotenstock.
   Was hilfts, daß man den Weg verkürzt!
   Im Labyrinth der Täler hinzuschleichen,
   Dann diesen Felsen zu ersteigen,
   Von dem der Quell sich ewig sprudelnd stürzt,
   Das ist die Lust, die solche Pfade würzt!
   Der Frühling webt schon in den Birken,
   Und selbst die Fichte fühlt ihn schon;
   Sollt er nicht auch auf unsre Glieder wirken?
MEPHIST. Führwahr, ich spüre nichts davon!
   Mir ist es winterlich im Leibe,
   Ich wünschte Schnee und Frost auf meiner Bahn.
   Wie traurig steigt die unvollkommne Scheibe
   Des roten Monds mit später Glut heran
   Und leuchtet schlecht, daß man bei jedem Schritte
   Vor einen Baum, vor einen Felsen rennt!
   Erlaub, daß ich ein Irrlicht bitte!
   Dort seh ich eins, das eben lustig brennt.
   Heda, mein Freund! darf ich dich zu uns fordern?
   Was willst du so vergebens lodern?
   Sei doch so gut und leucht uns da hinauf!

IRRLICHT. Aus Ehrfurcht, hoff ich, soll es mir gelingen,
Mein leichtes Naturell zu zwingen;
Nur zickzack geht gewöhnlich unser Lauf.
MEPHIST. Ei! ei! Er denkts den Menschen nachzuahmen.
Geh Er nur grad, ins Teufels Namen!
Sonst blas ich Ihm Sein Flackerleben aus.
IRRLICHT. Ich merke wohl, Ihr seid der Herr vom Haus,
Und will mich gern nach Euch bequemen.
Allein bedenkt: der Berg ist heute zaubertoll,
Und wenn ein Irrlicht Euch die Wege weisen soll,
So müßt Ihrs so genau nicht nehmen.
FAUST, MEPHISTOPHELES, IRRLICHT *im Wechselgesang.*
In die Traum- und Zaubersphäre
Sind wir, scheint es, eingegangen.
Führ uns gut und mach dir Ehre,
Daß wir vorwärts bald gelangen
In den weiten, öden Räumen!

Seh die Bäume hinter Bäumen,
Wie sie schnell vorüberrücken,
Und die Klippen, die sich bücken,
Und die langen Felsennasen,
Wie sie schnarchen, wie sie blasen!

Durch die Steine, durch den Rasen
Eilet Bach und Bächlein nieder.
Hör ich Rauschen? hör ich Lieder?
Hör ich holde Liebesklage,
Stimmen jener Himmelstage?
Was wir hoffen, was wir lieben!
Und das Echo, wie die Sage
Alter Zeiten, hallet wider.

›Uhu! Schuhu!‹ tönt es näher:

Kauz und Kiebitz und der Häher,
Sind sie alle wach geblieben?
Sind das Molche durchs Gesträuche?
Lange Beine, dicke Bäuche!
Und die Wurzeln, wie die Schlangen,
Winden sich aus Fels und Sande,
Strecken wunderliche Bande,
Uns zu schrecken, uns zu fangen;
Aus belebten derben Masern
Strecken sie Polypenfasern
Nach dem Wandrer. Und die Mäuse,
Tausendfärbig, scharenweise,
Durch das Moos und durch die Heide!
Und die Funkenwürmer fliegen
Mit gedrängten Schwärmezügen
Zum verwirrenden Geleite.

Aber sag mir, ob wir stehen
Oder ob wir weitergehen!
Alles, alles scheint zu drehen:
Fels und Bäume, die Gesichter
Schneiden, und die irren Lichter,
Die sich mehren, die sich blähen.

MEPHIST. Fasse wacker meinen Zipfel!
    Hier ist so ein Mittelgipfel,
    Wo man mit Erstaunen sieht,
    Wie im Berg der Mammon glüht.
FAUST. Wie seltsam glimmert durch die Gründe
    Ein morgenrötlich trüber Schein!
    Und selbst bis in die tiefen Schlünde
    Des Abgrunds wittert er hinein.
    Da steigt ein Dampf, dort ziehen Schwaden,
    Hier leuchtet Glut aus Dunst und Flor;

Dann schleicht sie wie ein zarter Faden,
Dann bricht sie wie ein Quell hervor.
Hier schlingt sie eine ganze Strecke
Mit hundert Adern sich durchs Tal,
Und hier in der gedrängten Ecke
Vereinzelt sie sich auf einmal.
Da sprühen Funken in der Nähe
Wie ausgestreuter goldner Sand.
Doch schau: in ihrer ganzen Höhe
Entzündet sich die Felsenwand!

MEPHIST. Erleuchtet nicht zu diesem Feste
Herr Mammon prächtig den Palast?
Ein Glück, daß du's gesehen hast;
Ich spüre schon die ungestümen Gäste.

FAUST. Wie rast die Windsbraut durch die Luft!
Mit welchen Schlägen trifft sie meinen Nacken!

MEPHIST. Du mußt des Felsens alte Rippen packen,
Sonst stürzt sie dich hinab in dieser Schlünde Gruft.
Ein Nebel verdichtet die Nacht.
Höre, wie's durch die Wälder kracht!
Aufgescheucht fliegen die Eulen.
Hör, es splittern die Säulen
Ewig grüner Paläste!
Girren und Brechen der Äste!
Der Stämme mächtiges Dröhnen!
Der Wurzeln Knarren und Gähnen!
Im fürchterlich verworrenen Falle
Übereinander krachen sie alle,
Und durch die übertrümmerten Klüfte
Zischen und heulen die Lüfte.
Hörst du Stimmen in der Höhe?
In der Ferne? in der Nähe?
Ja, den ganzen Berg entlang
Strömt ein wütender Zaubergesang!

HEXEN IM CHOR.

Die Hexen zu dem Brocken ziehn,
Die Stoppel ist gelb, die Saat ist grün.
Dort sammelt sich der große Hauf,
Herr Urian sitzt obenauf.
So geht es über Stein und Stock,
Es f–t die Hexe, es st–t der Bock.

STIMME. Die alte Baubo kommt allein;
Sie reitet auf einem Mutterschwein.

CHOR.

So Ehre denn, wem Ehre gebührt!
Frau Baubo vor! und angeführt!
Ein tüchtig Schwein und Mutter drauf,
Da folgt der ganze Hexenhauf.

STIMME.

Welchen Weg kommst du her?

STIMME.   Übern Ilsenstein!
Da guckt ich der Eule ins Nest hinein:
Die macht' ein Paar Augen!

STIMME.   O fahre zur Hölle!
Was reitst du so schnelle!

STIMME.

Mich hat sie geschunden:
Da sieh nur die Wunden!

HEXEN. CHOR.

Der Weg ist breit, der Weg ist lang,
Was ist das für ein toller Drang!
Die Gabel sticht, der Besen kratzt,
Das Kind erstickt, die Mutter platzt.

HEXENMEISTER, HALBER CHOR.

Wir schleichen wie die Schneck im Haus,
Die Weiber alle sind voraus.
Denn geht es zu des Bösen Haus,
Das Weib hat tausend Schritt voraus.

ANDERE HÄLFTE.

Wir nehmen das nicht so genau!
Mit tausend Schritten machts die Frau;
Doch wie sie auch sich eilen kann,
Mit Einem Sprunge machts der Mann.

STIMME *oben*.

Kommt mit, kommt mit vom Felsensee!

STIMMEN *von unten*.

Wir möchten gerne mit in die Höh.
Wir waschen, und blank sind wir ganz und gar;
Aber auch ewig unfruchtbar.

BEIDE CHÖRE.

Es schweigt der Wind, es flieht der Stern,
Der trübe Mond verbirgt sich gern.
Im Sausen sprüht das Zauberchor
Viel tausend Feuerfunken hervor.

STIMME *von unten*.

STIMME *von oben*.

Wer ruft da aus der Felsenspalte?

STIMME *unten*.

Nehmt mich mit! nehmt mich mit!
Ich steige schon dreihundert Jahr
Und kann den Gipfel nicht erreichen.
Ich wäre gern bei meinesgleichen.

BEIDE CHÖRE.

Es trägt der Besen; trägt der Stock,
Die Gabel trägt, es trägt der Bock;
Wer heute sich nicht heben kann,
Ist ewig ein verlorner Mann.

HALBHEXE *unten*.

Ich tripple nach, so lange Zeit;
Wie sind die andern schon so weit!
Ich hab zu Hause keine Ruh

Und komme hier doch nicht dazu.

CHOR DER HEXEN.

Die Salbe gibt den Hexen Mut,
Ein Lumpen ist zum Segel gut,
Ein gutes Schiff ist jeder Trog;
Der flieget nie, der heut nicht flog.

BEIDE CHÖRE.

Und wenn wir um den Gipfel ziehn,
So streichet an dem Boden hin
Und deckt die Heide weit und breit
Mit eurem Schwarm der Hexenheit!
Sie lassen sich nieder.

MEPHISTOPHELES.

Das drängt und stößt, das ruscht und klappert!
Das zischt und quirlt, das zieht und plappert!
Ein wahres Hexenelement!
Nur fest an mir! sonst sind wir gleich getrennt.
Wo bist du?

FAUST *in der Ferne.* Hier!

MEPHISTOPHELES.   Was! dort schon hingerissen?
Da werd ich Hausrecht brauchen müssen.
Platz! Junker Voland kommt. Platz! süßer Pöbel, Platz!
Hier, Doktor, fasse mich! und nun in Einem Satz
Laß uns aus dem Gedräng entweichen;
Es ist zu toll, sogar für meinesgleichen.
Dort neben leuchtet was mit ganz besondrem Schein,
Es zieht mich was nach jenen Sträuchen.
Komm, komm! wir schlupfen da hinein.

FAUST.

Du Geist des Widerspruchs! Nur zu! du magst mich führen.
Ich denke doch, das war recht klug gemacht:
Zum Brocken wandeln wir in der Walpurgisnacht,
Um uns beliebig nun hieselbst zu isolieren.

MEPHIST. Da sieh nur: welche bunten Flammen!

Es ist ein muntrer Klub beisammen.
Im Kleinen ist man nicht allein.
FAUST. Doch droben möcht ich lieber sein!
Schon seh ich Glut und Wirbelrauch.
Dort strömt die Menge zu dem Bösen;
Da muß sich manches Rätsel lösen.
MEPHIST. Doch manches Rätsel knüpft sich auch.
Laß du die große Welt nur sausen,
Wir wollen hier im Stillen hausen.
Es ist doch lange hergebracht,
Daß in der großen Welt man kleine Welten macht.
Da seh ich junge Hexchen nackt und bloß,
Und alte, die sich klug verhüllen.
Seid freundlich, nur um meinetwillen!
Die Müh ist klein, der Spaß ist groß.
Ich höre was von Instrumenten tönen!
Verflucht Geschnarr! Man muß sich dran gewöhnen.
Komm mit! komm mit! Es kann nicht anders sein:
Ich tret heran und führe dich herein,
Und ich verbinde dich aufs neue. –
Was sagst du, Freund? das ist kein kleiner Raum.
Da sieh nur hin! du siehst das Ende kaum.
Ein Hundert Feuer brennen in der Reihe;
Man tanzt, man schwatzt, man kocht, man trinkt, man liebt
Nun sage mir, wo es was Bessers gibt!
FAUST. Willst du dich nun, um uns hier einzuführen,
Als Zaubrer oder Teufel produzieren?
MEPHIST. Zwar bin ich sehr gewohnt, inkognito zu gehn;
Doch läßt am Galatag man seinen Orden sehn.
Ein Knieband zeichnet mich nicht aus,
Doch ist der Pferdefuß hier ehrenvoll zu Haus.
Siehst du die Schnecke da? sie kommt herangekrochen;
Mit ihrem tastenden Gesicht
Hat sie mir schon was abgerochen.

Wenn ich auch will, verleugn ich hier mich nicht.
Komm nur! von Feuer gehen wir zu Feuer;
Ich bin der Werber, und du bist der Freier.
Zu einigen, die um verglimmende Kohlen sitzen.
Ihr alten Herrn, was macht ihr hier am Ende?
Ich lobt euch, wenn ich euch hübsch in der Mitte fände,
Von Saus umzirkt und Jugendbraus;
Genug allein ist jeder ja zu Haus.

GENERAL.

Wer mag auf Nationen trauen,
Man habe noch so viel für sie getan!
Denn bei dem Volk wie bei den Frauen
Steht immerfort die Jugend oben an.

MINISTER.

Jetzt ist man von dem Rechten allzu weit,
Ich lobe mir die guten Alten;
Denn freilich, da wir alles galten,
Da war die rechte goldne Zeit.

PARVENÜ.

Wir waren wahrlich auch nicht dumm
Und taten oft, was wir nicht sollten;
Doch jetzo kehrt sich alles um und um,
Und eben da wirs fest erhalten wollen.

AUTOR.

Wer mag wohl überhaupt jetzt eine Schrift
Von mäßig klugem Inhalt lesen!
Und was das liebe junge Volk betrifft,
Das ist noch nie so naseweis gewesen.

MEPHISTOPHELES, *der auf einmal sehr alt erscheint.*

Zum Jüngsten Tag fühl ich das Volk gereift,
Da ich zum letzten Mal den Hexenberg ersteige,
Und weil mein Fäßchen trübe läuft,
So ist die Welt auch auf der Neige.

TRÖDELHEXE.

Ihr Herren, geht nicht so vorbei!
Laßt die Gelegenheit nicht fahren!
Aufmerksam blickt nach meinen Waren:
Es steht dahier gar mancherlei.
Und doch ist nichts in meinem Laden,
Dem keiner auf der Erde gleicht,
Das nicht einmal zum tüchtgen Schaden
Der Menschen und der Welt gereicht.
Kein Dolch ist hier, von dem nicht Blut geflossen,
Kein Kelch, aus dem sich nicht in ganz gesunden Leib
Verzehrend heißes Gift ergossen,
Kein Schmuck, der nicht ein liebenswürdig Weib
Verführt, kein Schwert, das nicht den Bund gebrochen,
Nicht etwa hinterrücks den Gegenmann durchstochen.

MEPHIST. Frau Muhme, Sie versteht mir schlecht die Zeiten.
Getan, geschehn! Geschehn, getan!
Verleg Sie sich auf Neuigkeiten!
Nur Neuigkeiten ziehn uns an.

FAUST. Daß ich mich nur nicht selbst vergesse!
Heiß ich mir das doch eine Messe!

MEPHIST. Der ganze Strudel strebt nach oben;
Du glaubst zu schieben, und du wirst geschoben.

FAUST. Wer ist denn das?

MEPHISTOPHELES.   Betrachte sie genau!
Lilith ist das.

FAUST.   Wer?

MEPHISTOPHELES. Adams erste Frau.
Nimm dich in acht vor ihren schönen Haaren,
Vor diesem Schmuck, mit dem sie einzig prangt.
Wenn sie damit den jungen Mann erlangt,
So läßt sie ihn so bald nicht wieder fahren.

FAUST. Da sitzen zwei, die Alte mit der Jungen;
Die haben schon was Rechts gesprungen!

MEPHIST. Das hat nun heute keine Ruh.

   Es geht zum neuen Tanz; nun komm! wir greifen zu.

FAUST *mit der Jungen tanzend.*

   Einst hatt ich einen schönen Traum:

   Da sah ich einen Apfelbaum,

   Zwei schöne Äpfel glänzten dran;

   Sie reizten mich, ich stieg hinan.

DIE SCHÖNE.

   Der Äpfelchen begehrt ihr sehr,

   Und schon vom Paradiese her.

   Von Freuden fühl ich mich bewegt,

   Daß auch mein Garten solche trägt.

MEPHISTOPHELES *mit der Alten.*

   Einst hatt ich einen wüsten Traum:

   Da sah ich einen gespaltnen Baum,

   Der hatt ein ———;

   So – es war, gefiel mirs doch.

DIE ALTE.

   Ich biete meinen besten Gruß

   Dem Ritter mit dem Pferdefuß!

   Halt Er einen —— bereit,

   Wenn Er ——— nicht scheut.

PROKTOPHANTASMIST.

   Verfluchtes Volk! was untersteht ihr euch?

   Hat man euch lange nicht bewiesen:

   Ein Geist steht nie auf ordentlichen Füßen?

   Nun tanzt ihr gar, uns andern Menschen gleich!

DIE SCHÖNE *tanzend.*

   Was will denn der auf unserm Ball?

FAUST *tanzend.* Ei! der ist eben überall.

   Was andre tanzen, muß er schätzen.

   Kann er nicht jeden Schritt beschwätzen,

   So ist der Schritt so gut als nicht geschehn.

   Am meisten ärgert ihn, sobald wir vorwärts gehn.

Wenn ihr euch so im Kreise drehen wolltet,
Wie ers in seiner alten Mühle tut,
Das hieß' er allenfalls nocht gut;
Besonders wenn ihr ihn darum begrüßen solltet.

PROKTOPHANTASMIST.

Ihr seid noch immer da! nein, das ist unerhört.
Verschwindet doch! Wir haben ja aufgeklärt! –
Das Teufelspack, es fragt nach keiner Regel.
Wir sind so klug, und dennoch spukts in Tegel.
Wie lange hab ich nicht am Wahn hinausgekehrt,
Und nie wirds rein; das ist doch unerhört!

DIE SCHÖNE. So hört doch auf, uns hier zu ennuyieren!

PROKTOPHANTASMIST.

Ich sags euch Geistern ins Gesicht:
Den Geistesdespotismus leid ich nicht!
Mein Geist kann ihn nicht exerzieren.
Es wird fortgetanzt.
Heut, seh ich, will mir nichts gelingen;
Doch eine Reise nehm ich immer mit
Und hoffe noch vor meinem letzten Schritt
Die Teufel und die Dichter zu bezwingen.

MEPHIST. Er wird sich gleich in eine Pfütze setzen:
Das ist die Art, wie er sich soulagiert,
Und wenn Blutegel sich an seinem Steiß ergetzen,
Ist er von Geistern und von Geist kuriert.
Zu Faust, der aus dem Tanz getreten ist.
Was lässest du das schöne Mädchen fahren,
Das dir zum Tanz so lieblich sang?

FAUST. Ach, mitten im Gesang sprang
Ein rotes Mäuschen ihr aus dem Munde!

MEPHIST. Das ist was Rechts! das nimmt man nicht genau;
Genug, die Maus war doch nicht grau!
Wer fragt darnach in einer Schäferstunde!

FAUST. Dann sah ich –

MEPHISTOPHELES.   Was?

FAUST.   Mephisto, siehst du dort
  Ein blasses, schönes Kind allein und ferne stehen?
  Sie schiebt sich langsam nur vom Ort,
  Sie scheint mit geschloßnen Füßen zu gehen.
  Ich muß bekennen, daß mir deucht,
  Daß sie dem guten Gretchen gleicht.

MEPHIST. Laß das nur stehn! dabei wirds niemand wohl.
  Es ist ein Zauberbild, ist leblos, ein Idol.
  Ihm zu begegnen, ist nicht gut:
  Vom starren Blick erstarrt des Menschen Blut,
  Und er wird fast in Stein verkehrt;
  Von der Meduse hast du ja gehört.

FAUST. Führwahr, es sind die Augen eines Toten,
  Die eine liebende Hand nicht schloß.
  Das ist die Brust, die Gretchen mir geboten,
  Das ist der süße Leib, den ich genoß.

MEPHIST. Das ist die Zauberei, du leicht verführter Tor!
  Denn jedem kommt sie wie sein Liebchen vor.

FAUST. Welch eine Wonne! welch ein Leiden!
  Ich kann von diesem Blick nicht scheiden.
  Wie sonderbar muß diesen schönen Hals
  Ein einzig rotes Schnürchen schmücken,
  Nicht breiter als ein Messerrücken!

MEPHIST. Ganz recht! ich seh es ebenfalls.
  Sie kann das Haupt auch unterm Arme tragen;
  Denn Perseus hats ihr abgeschlagen.
  Nur immer diese Lust zum Wahn! –
  Komm doch das Hügelchen heran;
  Hier ists so lustig wie im Prater,
  Und hat man mirs nicht angetan,
  So seh ich wahrlich ein Theater.
  Was gibts denn da?

SERVIBILIS.   Gleich fängt man wieder an:

Ein neues Stück, das letzte Stück von sieben;
So viel zu geben ist allhier der Brauch.
Ein Dilettant hat es geschrieben,
Und Dilettanten spielens auch.
Verzeiht, ihr Herrn, wenn ich verschwinde:
Mich dilettierts, den Vorhang aufzuziehn.

MEPHIST. Wenn ich euch auf dem Blocksberg finde,
Das find ich gut; denn da gehört ihr hin.

WALPURGISNACHTSTRAUM
oder Oberons und Titanias goldne Hochzeit.
Intermezzo.

THEATERMEISTER.

Heute ruhen wir einmal,
Miedings wackre Söhne:
Alter Berg und feuchtes Tal,
Das ist die ganze Szene!

HEROLD.

Daß die Hochzeit golden sei,
Solln funfzig Jahr sein vorüber;
Aber ist der Streit vorbei,
Das Golden ist mir lieber.

OBERON.

Seid ihr, Geister, wo ich bin,
So zeigts in diesen Stunden!
König und die Königin,
Sie sind aufs neu verbunden.

PUCK.

Kommt der Puck und dreht sich quer
Und schleift den Fuß im Reihen;
Hundert kommen hinterher,
Sich auch mit ihm zu freuen.

ARIEL.

Ariel bewegt den Sang
In himmlisch-reinen Tönen;
Viele Fratzen lockt sein Klang,
Doch lockt er auch die Schönen.

OBERON.

Gatten, die sich vertragen wollen,
Lernens von uns beiden!
Wenn sich zweie lieben sollen,
Braucht man sie nur zu scheiden.

TITANIA.

Schmollt der Mann und grillt die Frau,
So faßt sie nur behende,
Führt mir nach dem Mittag Sie,
Und Ihn an Nordens Ende!

ORCHESTER, TUTTI, *Fortissimo.*

Fliegenschnauz und Mückennas
Mit ihren Anverwandten,
Frosch im Laub und Grill im Gras,
Das sind die Musikanten!

SOLO.

Seht, da kommt der Dudelsack!
Es ist die Seifenblase.
Hört den Schneckeschnickeschnack
Durch seine stumpfe Nase!

GEIST, DER SICH ERST BILDET.

Spinnenfuß und Krötenbauch
Und Flügelchen dem Wichtchen!
Zwar ein Tierchen gibt es nicht;
Doch gibt es ein Gedichtchen.

EIN PÄRCHEN.

Kleiner Schritt und hoher Sprung
Durch Honigtau und Düfte!

Zwar du trippelst mir genung;
Doch gehts nicht in die Lüfte.

Ist das nicht Maskeradenspott?
Soll ich den Augen trauen,
Oberon, den schönen Gott,
Auch heute hier zu schauen?

ORTHODOX.

Keine Klauen, keinen Schwanz!
Doch bleibt er außer Zweifel:
So wie die Götter Griechenlands,
So ist auch er ein Teufel.

NORDISCHER KÜNSTLER.

Was ich ergreife, das ist heut
Führwahr nur skizzenweise;
Doch ich bereite mich beizeit
Zur italienschen Reise.

PURIST.

Ach! mein Unglück führt mich her:
Wie wird nicht hier geludert!
Und von dem ganzen Hexenheer
Sind zweie nur gepudert.

JUNGE HEXE.

Der Puder ist so wie der Rock
Für alt' und graue Weibchen;
Drum sitz ich nackt auf meinem Bock
Und zeig ein derbes Leibchen.

MATRONE.

Wir haben zu viel Lebensart,
Um hier mit euch zu maulen;
Doch hoff ich, sollt ihr jung und zart,
So wie ihr seid, verfaulen.

KAPELLMEISTER.

Fliegenschnauz und Mückennas,

Umschwärmt mir nicht die Nackte!
Frosch im Laub und Grill im Gras,
So bleibt doch auch im Takte!

WINDFAHNE *nach der einen Seite.*

Gesellschaft, wie man wünschen kann:
Wahrhaftig lauter Bräute!
Und Junggesellen, Mann für Mann
Die hoffnungsvollsten Leute!

WINDFAHNE *nach der andern Seite.*

Und tut sich nicht der Boden auf,
Sie alle zu verschlingen,
So will ich mit behendem Lauf
Gleich in die Hölle springen.

XENIEN.

Als Insekten sind wir da
Mit kleinen, scharfen Scheren,
Satan, unsern Herrn Papa,
Nach Würden zu verehren.

HENNINGS.

Seht, wie sie in gedrängter Schar
Naiv zusammen scherzen!
Am Ende sagen sie noch gar,
Sie hätten gute Herzen.

MUSAGET.

Ich mag in diesem Hexenheer
Mich gar zu gern verlieren;
Denn freilich diese wüßt ich eh'r
Als Musen anzuführen.

CI–DEVANT GENIUS DER ZEIT.

Mit rechten Leuten wird man was.
Komm, fasse meinen Zipfel!
Der Blocksberg, wie der deutsche Parnaß,
Hat gar einen breiten Gipfel.

NEUGIERIGER REISENDER.

Sagt: wie heißt der steife Mann?
Er geht mit stolzen Schritten;
Er schnopert, was er schnopern kann. –
›Er spürt nach Jesuiten.‹

KRANICH.

In dem Klaren mag ich gern
Und auch im Trüben fischen;
Darum seht ihr den frommen Herrn
Sich auch mit Teufeln mischen.

WELTKIND.

Ja, für die Frommen, glaubet mir,
Ist alles ein Vehikel;
Sie bilden auf dem Blocksberg hier
Gar manches Konventikel.

TÄNZER.

Da kommt ja wohl ein neues Chor?
Ich höre ferne Trommeln. –
›Nur ungestört! es sind im Rohr
Die unisonen Dommeln.‹

TANZMEISTER.

Wie jeder doch die Beine lupft!
Sich, wie er kann, herauszieht!
Der Krumme springt, der Plumpe hupft
Und fragt nicht, wie es aussieht.

FIEDLER.

Das haßt sich schwer, das Lumpenpack.
Und gäb sich gern das Restchen;
Es eint sie hier der Dudelsack,
Wie Orpheus' Leier die Bestjen.

DOGMATIKER.

Ich lasse mich nicht irre schrein,
Nicht durch Kritik noch Zweifel.
Der Teufel muß doch etwas sein;

Wie gäbs denn sonst auch Teufel?

IDEALIST.

Die Phantasie in meinem Sinn
Ist diesmal gar zu herrisch.
Führwahr, wenn ich das alles bin,
So bin ich heute närrisch!

REALIST.

Das Wesen ist mir recht zur Qual
Und muß mich baß verdrießen;
Ich stehe hier zum ersten Mal
Nicht fest auf meinen Füßen.

SUPERNATURALIST.

Mit viel Vergnügen bin ich da
Und freue mich mit diesen;
Denn von den Teufeln kann ich ja
Auf gute Geister schließen.

SKEPTIKER.

Sie gehn den Flämmchen auf der Spur
Und glaub'n sich nah dem Schatze.
Auf Teufel reimt der Zweifel nur;
Da bin ich recht am Platze.

KAPELLMEISTER.

Frosch im Laub und Grill im Gras,
Verfluchte Dilettanten!
Fliegenschnauz und Mückennas,
Ihr seid doch Musikanten!

DIE GEWANDTEN.

Sanssouci, so heißt das Heer
Von lustigen Geschöpfen;
Auf den Füßen gehts nicht mehr,
Drum gehn wir auf den Köpfen.

DIE UNBEHÜLFLICHEN.

Sonst haben wir manchen Bissen erschranzt,
Nun aber Gott befohlen!

Unsere Schuhe sind durchgetanzt,
Wir laufen auf nackten Sohlen.

IRRLICHTER.

Von dem Sumpfe kommen wir,
Woraus wir erst entstanden;
Doch sind wir gleich im Reihen hier
Die glänzenden Galanten.

STERNSCHNUPPE.

Aus der Höhe schoß ich her
Im Stern- und Feuerscheine,
Liege nun im Grase quer:
Wer hilft mir auf die Beine?

DIE MASSIVEN.

Platz und Platz! und ringsherum!
So gehn die Gräschen nieder;
Geister kommen, Geister auch,
Sie haben plumpe Glieder.

PUCK.

Tretet nicht so mastig auf
Wie Elefantenkälber!
Und der plumpst' an diesem Tag
Sei Puck, der derbe, selber!

ARIEL.

Gab die liebende Natur,
Gab der Geist euch Flügel,
Folget meiner leichten Spur:
Auf zum Rosenhügel!

ORCHESTER. *Pianissimo*.

Wolkenzug und Nebelflor
Erhellen sich von oben.
Luft im Laub und Wind im Rohr –
Und alles ist zerstoben.

Faust, Mephistopheles.

FAUST. Im Elend! Verzweifelnd! Erbärmlich auf der Erde lange verirrt und nun gefangen! Als Missetäterin im Kerker zu entsetzlichen Qualen eingesperrt das holde, unselige Geschöpf! Bis dahin! dahin! – Verräterischer, nichtswürdiger Geist, und das hast du mir verheimlicht! – Steh nur, steh! wälze die teuflischen Augen ingrimmend im Kopf herum! Steh und trutze mir durch deine unerträgliche Gegenwart! Gefangen! Im unwiederbringlichen Elend! Bösen Geistern übergeben und der richtenden, gefühllosen Menschheit! – Und mich wiegst du indes in abgeschmackten Zerstreuungen, verbirgst mir ihren wachsenden Jammer und lässest sie hülflos verderben!

MEPHISTOPHELES. Sie ist die Erste nicht!

FAUST. Hund! abscheuliches Untier! – Wandle ihn, du unendlicher Geist! wandle den Wurm wieder in seine Hundsgestalt, wie er sich oft nächtlicher Weile gefiel, vor mir herzutrotten, dem harmlosen Wandrer vor die Füße zu kollern und sich dem Niederstürzenden auf die Schultern zu hängen! Wandl ihn wieder in seine Lieblingsbildung, daß er vor mir im Sand auf dem Bauch krieche, ich ihn mit Füßen trete, den Verworfnen! – ›Die Erste nicht!‹ – Jammer! Jammer! von keiner Menschenseele zu fassen, daß mehr als Ein Geschöpf in die Tiefe dieses Elendes versank, daß nicht das erste genugtat für die Schuld aller übrigen in seiner windenden Todesnot vor den Augen des Ewig-Verzeihenden! Mir wühlt es Mark und Leben durch, das Elend dieser Einzigen – du grinsest gelassen über das Schicksal von Tausenden hin!

MEPHISTOPHELES. Nun sind wir schon wieder an der Grenze unsres Witzes, da, wo euch Menschen der Sinn überschnappt. Warum machst du Gemeinschaft mit uns, wenn du sie nicht durchführen kannst? Willst fliegen und bist

vorm Schwindel nicht sicher? Drangen wir uns dir auf, oder du dich uns?

FAUST. Fletsche deine gefräßigen Zähne mir nicht so entgegen! Mir ekelts! – Großer, herrlicher Geist, der du mir zu erscheinen würdigtest, der du mein Herz kennest und meine Seele, warum an den Schandgesellen mich schmieden, der sich am Schaden weidet und am Verderben sich letzt?

MEPHISTOPHELES. Endigst du?

FAUST. Rette sie! oder weh dir! Den gräßlichsten Fluch über dich auf Jahrtausende!

MEPHISTOPHELES. Ich kann die Bande des Rächers nicht lösen, seine Riegel nicht öffnen. – ›Rette sie!‹ – Wer wars, der sie ins Verderben stürzte? Ich oder du?

Faust blickt wild umher.

MEPHISTOPHELES. Greifst du nach dem Donner? Wohl, daß er euch elenden Sterblichen nicht gegeben ward! Den unschuldig Entgegnenden zu zerschmettern, das ist so Tyrannenart, sich in Verlegenheiten Luft zu machen.

FAUST. Bringe mich hin! Sie soll frei sein!

MEPHISTOPHELES. Und die Gefahr, der du dich aussetzest? Wisse: noch liegt auf der Stadt Blutschuld von deiner Hand! Über des Erschlagenen Stätte schweben rächende Geister und lauern auf den wiederkehrenden Mörder.

FAUST. Noch das von dir? Mord und Tod einer Welt über dich Ungeheuer! Führe mich hin, sag ich, und befreie sie!

MEPHISTOPHELES. Ich führe dich, und was ich tun kann, höre! Habe ich alle Macht im Himmel und auf Erden? Des Türners Sinne will ich umnebeln, bemächtige dich der Schlüssel und führe sie heraus mit Menschenhand! Ich wache, die Zauberpferde sind bereit, ich entführe euch. Das vermag ich.

FAUST. Auf und davon!

NACHT. OFFEN FELD
Faust, Mephistopheles,
auf schwarzen Pferden daherbrausend.

FAUST. Was weben die dort um den Rabenstein?
MEPHISTOPHELES. Weiß nicht, was sie kochen und schaffen.
FAUST. Schweben auf, schweben ab, neigen sich, beugen sich.
MEPHISTOPHELES. Eine Hexenzunft!
FAUST. Sie streuen und weihen!
MEPHISTOPHELES. Vorbei! vorbei!

KERKER
FAUST *mit einem Bund Schlüssel und einer Lampe, vor einem*
eisernen Türchen.
Mich faßt ein längst entwohnter Schauer,
Der Menschheit ganzer Jammer faßt mich an.
Hier wohnt sie, hinter dieser feuchten Mauer,
Und ihr Verbrechen war ein guter Wahn!
Du zauderst, zu ihr zu gehen?
Du fürchtest, sie wiederzusehen?
Fort! dein Zagen zögert den Tod heran.
Er ergreift das Schloß. Es singt inwendig:

Meine Mutter, die Hur,
Die mich umgebracht hat!
Mein Vater, der Schelm,
Der mich gessen hat!
Mein Schwetterlein klein
Hub auf die Bein'
An einem kühlen Ort –
Da ward ich ein schönes Waldvögelein;
Fliege fort, fliege fort!

FAUST *aufschließend.*

Sie ahnet nicht, daß der Geliebte lauscht,
Die Ketten klirren hört, das Stroh, das rauscht.

Er tritt ein.

MARGARETE *sich auf dem Lager verbergend.*

Weh! weh! sie kommen. Bittrer Tod!

FAUST *leise.* Still! still! ich komme, dich zu befreien.

MARGARETE *sich vor ihn hinwälzend.*

Bist du ein Mensch, so fühle meine Not!

FAUST. Du wirst die Wächter aus dem Schlafe schreien!

Er faßt die Ketten, sie aufzuschließen.

MARGARETE *auf den Knien.*

Wer hat dir, Henker, diese Macht
Über mich gegeben?
Du holst mich schon um Mitternacht!
Erbarme dich und laß mich leben!
Ists morgen früh nicht zeitig genung?

Sie steht auf.

Bin ich doch noch so jung, so jung!
Und soll schon sterben!
Schön war ich auch, und das war mein Verderben.
Nah war der Freund, nun ist er weit;
Zerrissen liegt der Kranz, die Blumen zerstreut.
Fasse mich nicht so gewaltsam an!
Schone mich! Was hab ich dir getan?
Laß mich nicht vergebens flehen!
Hab ich dich doch mein' Tage nicht gesehen!

FAUST. Werd ich den Jammer überstehen?

MARGARETE. Ich bin nun ganz in deiner Macht.
Laß mich nur erst das Kind noch tränken!
Ich herzt es diese ganze Nacht;
Sie nahmen mirs, um mich zu kränken,
Und sagen nun, ich hätt es umgebracht,
Und niemals werd ich wieder froh.

Sie singen Lieder auf mich! Es ist bös von den Leuten!
Ein altes Märchen endigt so,
Wer heißt sie's deuten?

FAUST *wirft sich nieder.*

Ein Liebender liegt dir zu Füßen,
Die Jammerknechtschaft aufzuschließen.

MARGARETE *wirft sich zu ihm.*

O laß uns knien, die Heilgen anzurufen!
Sieh: unter diesen Stufen,
Unter der Schwelle
Siedet die Hölle!
Der Böse,
Mit furchtbarem Grimme,
Macht ein Getöse!

FAUST *laut.* Gretchen! Gretchen!

MARGARETE *aufmerksam.*

Das war des Freundes Stimme!
Sie springt auf. Die Ketten fallen ab.
Wo ist er? Ich hab ihn rufen hören.
Ich bin frei! mir soll niemand wehren.
An seinen Hals will ich fliegen,
An seinem Busen liegen!
Er rief: Gretchen! Er stand auf der Schwelle.
Mitten durch Heulen und Klappen der Hölle,
Durch den grimmigen, teuflischen Hohn
Erkannt ich den süßen, den liebenden Ton.

FAUST. Ich bins!

MARGARETE.   Du bists! O sag es noch einmal!
Ihn fassend.
Er ists! er ists! Wohin ist alle Qual?
Wohin die Angst des Kerkers? der Ketten?
Du bists! kommst, mich zu retten!
Ich bin gerettet! –
Schon ist die Straße wieder da,

Auf der ich dich zum ersten Male sah,
Und der heitere Garten,
Wo ich und Marthe deiner warten.

FAUST *fortstrebend*. Komm mit! komm mit!

MARGARETE.   O weile!
Weil' ich doch so gern, wo du weilest. *Liebkosend*.

FAUST.   Eile!
Wenn du nicht eilest,
Werden wirs teuer büßen müssen.

MARGARETE. Wie? du kannst nicht mehr küssen?
Mein Freund, so kurz von mir entfernt,
Und hast's Küssen verlernt?
Warum wird mir an deinem Halse so bang,
Wenn sonst von deinen Worten, deinen Blicken
Ein ganzer Himmel mich überdrang
Und du mich küßtest, als wolltest du mich ersticken?
Küsse mich!
Sonst küß ich dich!
Sie umfaßt ihn.
O weh! deine Lippen sind kalt,
Sind stumm.
Wo ist dein Lieben
Geblieben?
Wer brachte mich drum?
Sie wendet sich von ihm.

FAUST. Komm! folge mir! Liebchen, fasse Mut!
Ich herze dich mit tausendfacher Glut;
Nur folge mir! Ich bitte dich nur dies!

MARGARETE *zu ihm gewendet*.
Und bist du's denn? und bist du's auch gewiß?

FAUST. Ich bins! Komm mit!

MARGARETE.   Du machst die Fesseln los,
Nimmst wieder mich in deinen Schoß.
Wie kommt es, daß du dich vor mir nicht scheust? –

Und weißt du denn, mein Freund, wen du befreist?

FAUST. Komm! komm! Schon weicht die tiefe Nacht.

MARGARETE. Meine Mutter hab ich umgebracht,
Mein Kind hab ich ertränkt.
War es nicht dir und mir geschenkt?
Dir auch! – Du bists! ich glaub es kaum.
Gib deine Hand! Es ist kein Traum!
Deine liebe Hand! – Ach, aber sie ist feucht!
Wische sie ab! Wie mich deucht,
Ist Blut dran!
Ach Gott! was hast du getan!
Stecke den Degen ein!
Ich bitte dich drum.

FAUST. Laß das Vergangne vergangen sein!
Du bringst mich um.

MARGARETE. Nein, du mußt übrig bleiben!
Ich will dir die Gräber beschreiben,
Für die mußt du sorgen
Gleich morgen:
Der Mutter den besten Platz geben,
Meinen Bruder sogleich darneben,
Mich ein wenig beiseit,
Nur nicht gar zu weit!
Und das Kleine mir an die rechte Brust!
Niemand wird sonst bei mir liegen! –
Mich an deine Seite zu schmiegen,
Das war ein süßes, ein holdes Glück!
Aber es will mir nicht mehr gelingen;
Mir ists, als müßt ich mich zu dir zwingen,
Als stießest du mich von dir zurück,
Und doch bist du's und blickst so gut, so fromm.

FAUST. Fühlst du, daß ich es bin, so komm!

MARGARETE. Da hinaus?

FAUST. Ins Freie!

MARGARETE.   Ist das Grab drauß,

    Lauert der Tod, so komm!

    Von hier ins ewige Ruhebett

    Und weiter keinen Schritt! –

    Du gehst .1un fort? O Heinrich, könnt ich mit!

FAUST. Du kannst! so wolle nur! Die Tür steht offen.

MARGARETE.

    Ich darf nicht fort; für mich ist nichts zu hoffen.

    Was hilft es, fliehn? Sie lauern doch mir auf.

    Es ist so elend, betteln zu müssen,

    Und noch dazu mit bösem Gewissen!

    Es ist so elend, in der Fremde schweifen –

    Und sie werden mich doch ergreifen!

FAUST. Ich bleibe bei dir.

MARGARETE.

    Geschwind! geschwind!

    Rette dein armes Kind!

    Fort! immer den Weg

    Am Bach hinauf,

    Über den Steg,

    In den Wald hinein,

    Links, wo die Planke steht,

    Im Teich.

    Faß es nur gleich!

    Es will sich heben,

    Es zappelt noch!

    Rette! rette!

FAUST. Besinne dich doch!

    Nur Einen Schritt, so bist du frei!

MARGARETE. Wären wir nur den Berg vorbei!

    Da sitzt meine Mutter auf einem Stein,

    Es faßt mich kalt beim Schopfe!

    Da sitzt meine Mutter auf einem Stein

    Und wackelt mit dem Kopfe;

Sie winkt nicht, sie nickt nicht, der Kopf ist ihr schwer,
Sie schlief so lange, sie wacht nicht mehr –
Sie schlief, damit wir uns freuten.
Es waren glückliche Zeiten!

FAUST. Hilft hier kein Flehen, hilft kein Sagen,
So wag ichs, dich hinwegzutragen.

MARGARETE. Laß mich! Nein, ich leide keine Gewalt!
Fasse mich nicht so mörderisch an!
Sonst hab ich dir ja alles zulieb getan.

FAUST. Der Tag graut! Liebchen! Liebchen!

MARGARETE.
Tag! Ja, es wird Tag! der letzte Tag dringt herein;
Mein Hochzeittag sollt es sein!
Sag niemand, daß du schon bei Gretchen warst!
Weh meinem Kranze!
Es ist eben geschehn!
Wir werden uns wiedersehn –
Aber nicht beim Tanze.
Die Menge drängt sich, man hört sie nicht;
Der Platz, die Gassen
Können sie nicht fassen.
Die Glocke ruft, das Stäbchen bricht.
Wie sie mich binden und packen!
Zum Blutstuhl bin ich schon entrückt.
Schon zuckt nach jedem Nacken
Die Schärfe, die nach meinem zückt.
Stumm liegt die Welt wie das Grab!

FAUST. O wär ich nie geboren!

MEPHISTOPHELES *erscheint draußen.*
Auf! oder ihr seid verloren.
Unnützes Zagen! Zaudern und Plaudern!
Meine Pferde schaudern,
Der Morgen dämmert auf.

MARGARETE. Was steigt aus dem Boden herauf?

Der! der! Schicke ihn fort!
Was will der an dem heiligen Ort?
Er will mich!

FAUST.   Du sollst leben!

MARGARETE.

Gericht Gottes! dir hab ich mich übergeben!

MEPHISTOPHELES *zu Faust.*

Komm! komm! Ich lasse dich mit ihr im Stich.

MARGARETE. Dein bin ich, Vater! rette mich!
Ihr Engel, ihr heiligen Scharen,
Lagert euch umher, mich zu bewahren!
Heinrich! Mir grauts vor dir!

MEPHIST. Sie ist gerichtet!

STIMME *von oben.*   Ist gerettet!

MEPHISTOPHELES *zu Faust.*   Her zu mir!

Verschwindet mit Faust.

STIMME *von innen, verhallend.* Heinrich! Heinrich!

NACHWORT

Goethe war gerade vier Wochen Gast des jungen Carl August, Herzog von Sachsen-Weimar, als sein Sturm-und-Drang-Freund, Friedrich Leopold Graf zu Stolberg, der sich alsbald ebenfalls in Weimar eingefunden hatte, seiner Schwester Henriette von Bernstorff am 6. Dezember 1775 schrieb:

> Einen Nachmittag las Göthe seinen halbfertigen ›Faust‹ vor. Es ist ein herrliches Stück. Die Herzoginnen waren gewaltig gerührt bei einigen Scenen.

Nicht nur die Herzoginmutter Anna Amalia und die Gattin Carl Augusts, Herzogin Louise, waren gerührt. Auch von der Hofdame der Herzoginmutter, Fräulein von Göchhausen, wissen wir, daß sie von dem Werk so getroffen war, daß sie sich das Manuskript auslieh und es abschrieb.

Uns ist durch diese Abschrift, die erst 1887 von dem Germanisten Erich Schmidt entdeckt worden ist, die Möglichkeit einer Anschauung von dem gegeben, was Goethe damals vorgelesen haben mag. Denn sein eigenes Manuskript hat Goethe überarbeitet, zerschnitten und schließlich vernichtet. Bei einem Vergleich des »Urfaust« – wie man den durch Fräulein von Göchhausen bewahrten Zustand von Goethes Faustdichtung zu bezeichnen sich gewöhnt hat – mit der ganzen Tragödie wird deutlich, daß die Dichtung damals bei weitem noch nicht »halbfertig« war, sondern daß es sich dabei gerade erst um das Anfangsstadium eines weit angelegten Bildes handelt, das, als es fast sechzig Jahre später vollendet war, alles enthielt, was den Menschen betrifft.

Allein gegenüber dem abgeschlossenen ersten Teil fehlen dem Urfaust – von »Zueignung«, »Vorspiel auf dem Theater« und »Prolog im Himmel« abgesehen, weil sie dem ganzen Werk gelten – Fausts zweiter großer Monolog in der Szene »Nacht« mit der Selbstmordabsicht, die ganze Szene »Vor dem Thor«. Desgleichen fehlen Einführung des Mephistopheles und der Pakt mit ihm in der Szene »Studirzimmer«. (Dafür ist im Urfaust der Dialog Mephistopheles-Student um 70 Verse ausführlicher.) Es fehlen dem Urfaust weiter die Szenen »Hexenküche«, »Wald und Höhle«, der überwiegende Teil der Valentin-Handlung und schließlich die »Walpurgisnacht«. Außerdem sind in der späteren Fassung gegenüber dem Urfaust manche Verse innerhalb der Szenen an andere Stellen gerückt. Die Ausdrucksweise erscheint allgemein geglättet, und in der Gretchenhandlung sind die Prosazeilen der Kerkerszene in Verse umgewandelt. Was also Goethe mit nach Weimar gebracht hatte, war eine lose Szenenfolge in Knittelversen, Prosa und Alexandrinern, die seinem und seiner Generation Lebensgefühl Ausdruck gab.

Keine Gestalt eignete sich dazu besser als die des durch Volksbücher, Schauspiel und Puppenspiel überlieferten Dr. Faust.

Gewiß war der 1485 im württembergischen Knittlingen geborene Mann, der sich Georgius Sabellicus Faustus nannte, ein »kecker, skrupelloser Bursche« – wie ihn Kippenberg einmal charakterisierte –, ein Liederjan, der allerlei Quacksalberei, Beutelschneiderei und abergläubischen Hokuspokus trieb, der sich Magister- und Doktortitel zulegte und sich der Kunst der Totenbeschwörung, des Fliegens, der Weissagung aus Hand, Luft und Feuer, der Heilkunde, der Astrologie und nicht zuletzt der Alchimie rühmte, der sich durch die Art seines Auftretens Ansehen im Volk und Einlaß bei weltlichen und kirchlichen Fürsten zu verschaffen wußte, der sich vorzugsweise an den Stätten humanistischer Bildung wie den damaligen Universitäten Ingolstadt, Erfurt, Wittenberg aufzuhalten liebte. Aber er scheint auf ruheloser Wanderschaft auch durch ganz Deutschland gekommen zu sein, bis er im Jahre 1540 als in Not und Armut geratener alternder Mann im südbadischen Staufen einen vielleicht unnatürlichen Tod fand.

Von einem Bündnis mit dem Teufel ist in den ernst zu nehmenden zeitgenössischen Berichten nirgends die Rede. Aus verständlichen Gründen dürfte es Faust selber stets vermieden haben, sich solchen zweifelhaften Bundes zu rühmen oder auch nur einen ernsthaften Verdacht aufkommen zu lassen. Aber die Zeitgenossen mochten sich seine Taten nicht anders erklären, und das grausame Ende Fausts diente ihnen als Bestätigung ihrer Vermutungen, so daß die Nachricht, Faust habe der Teufel geholt, als willkommene Sensation alsbald die deutschen Lande durcheilte.

In der Literatur gab es zunächst nur einzelne Abenteuer und Schwänke, die verstreut gedruckt wurden in Sammelwerken der Schauergeschichten aller möglichen verschiedenen Zauberer und Schwarzkünstler.

Die erste zusammenhängende Darstellung des Lebens von Dr. Faust erschien 1587, knapp fünfzig Jahre nach dessen Tod, bei dem Frankfurter Buchhändler Johann Spies: »Historia von D. Johann Fausten / dem weitbeschreyten Zauberer unnd Schwartzkunstler / wie er sich gegen dem Teuffel auff eine benandte zeit verschrieben / was er hierzwischen für seltzame Abentheuwer gesehen / selbs angerichtet und getrieben / biß er endtlich seinen wol verdienten Lohn empfangen«. In diesem Werk sind die bis dahin verstreut umlaufenden Sagen, Schwänke und Abenteuer von Dr. Faust zu einem bewußt gestalteten biographischen Roman ausgeformt worden. Vier Momente, die für die ganze Geschichte der Faustdichtung und auch für Goethes Faust tragende Bedeutung erhielten, begegnen hier zum erstenmal: Erstens kommt es zum formalen Pakt mit dem Teufel; zweitens heißt der Vertreter der Hölle Mephistopheles; drittens tritt der Famulus Wagner auf; viertens erscheint Helena.

Aber Goethe kannte dieses Werk nicht. Auch das 1599 von Georg Rudolf Widmann herausgegebene Buch »der warhafftigen Historien von den grewlichen und abschewlichen Sünden und Lastern... So D. Johannes Faustus Ein weitberuffener Schwartzkünstler und Ertzzauberer ... biß an seinen erschrecklichen end hat getrieben...« blieb Goethe unbekannt. Und vom dritten Faustbuch, das der Nürnberger Arzt Nikolaus Pfitzer 1674 unter Berufung auf Widmann unter dem Titel »Das ärgerliche Leben und schreckliche Ende des viel-berüchtigten Ertz-Schwartzkünstlers D. Johannis Fausti ...« herausgab, läßt sich nur belegen, daß Goethe es seit 1801 kannte. Damals nämlich hat er es nachweislich aus der Weimarer Bibliothek entliehen. Und schließlich vom letzten dünnen Aufguß der Faustbücher, den der »Christlich Meynende« 1725 fabriziert hat, wissen wir lediglich, daß er noch zu Goethes Kindheit und Jugend auf den Frankfurter Buchständen zu haben war.

Seine frühe Kenntnis des Stoffs verdankt Goethe indes einer anderen Überlieferung: Nur ein Jahr nach seinem Erscheinen war das Spiessche Faustbuch in England bekanntgeworden, und der große Vorläufer Shakespeares, Christopher Marlowe, hatte es bald danach zu einem Drama, »The Tragical History of D. Faustus«, umgearbeitet. Faust ist unter Marlowes Griff eine titanische Erscheinung, ein Empörer gegen die Grenzen der Menschheit geworden. Er weiß,

daß er die Erfüllung seiner Wünsche mit ewiger Verdammnis be-
zahlen muß; und doch geht er aus Ungenüge an den Schulwissenschaften den Pakt mit Mephistopheles ein. Aber diesen Pakt versteht
Marlowes Faust dann nicht dazu zu nutzen, daß er »erkenne, was die
Welt zusammenhält«, sondern er läßt sich vom Teufel mit ein paar
läppischen Zauberstücken vor Papst und Kaiser abspeisen. Faust
wird vom Teufel zur Oberflächlichkeit und Scharlatanerie verführt.
Hierin liegt die Tragik von Marlowes Faust, daß er am Ende dem
Teufel seine Seele statt für die Ergründung des Weltzusammenhangs
für ein paar billige Scherze verkauft hat. – Das Drama erschütterte
die Zeitgenossen tief. Vor allem Fausts großer Eingangsmonolog
mit der Absage an die vier Fakultäten und dem Beschluß, sich der
Magie zu ergeben, hat die Menschen ungeheuer beeindruckt. Seine
Wirkung läßt sich noch bis zur Studierzimmerszene in Goethes
Faust verfolgen.

Aber Goethe hat auch dieses Werk erst 1818 in der deutschen Über-
setzung von Wilhelm Müller gelesen. Dagegen »klang und summte«,
wie Goethe im Zehnten Buch von »Dichtung und Wahrheit« schreibt,
»die bedeutende Puppenspielfabel« schon in seiner Straßburger Zeit
»gar vieltönig« in ihm wider. Das war möglich, weil die reisenden
englischen Komödianten Marlowes Stück schon sehr bald nach
Deutschland gebracht hatten, wo es nach zahlreichen Aufführungen
– auch in deutscher Sprache – allmählich zum Puppenspiel herab-
gesunken war.

Doch auch im Puppenspiel hatte sich die von Marlowe her über-
lieferte nächtliche Szene im Studierzimmer mit der Absage an die
als unzulänglich empfundenen Schulwissenschaften ihrem Sinne
nach erhalten. An ihr begeisterte sich der junge Goethe, weil sie seinen eigenen Universitätserfahrungen, seinen am Ende immer ver-
geblichen Experimenten in der »mystisch-kabbalistischen Chemie«,
mit der er sich seit der Rückkehr aus Leipzig beschäftigte, und seinen
sich stetig steigernden Lebensempfindungen so ganz entsprach. Gelegentlich des Hinweises auf die Puppenspielfabel erinnert er sich in
»Dichtung und Wahrheit«:

> Auch ich hatte mich in allem Wissen umhergetrieben und war
> früh genug auf die Eitelkeit desselben hingewiesen worden. Ich
> hatte es auch im Leben auf allerlei Weise versucht, und war immer

unbefriedigter und gequälter zurückgekommen. Nun trug ich diese Dinge, so wie manche andre, mit mir herum und ergötzte mich daran in einsamen Stunden, ohne jedoch etwas davon aufzuschreiben.

Ein exakter Zeitpunkt der Konzeption des »Faust« ist nicht zu bestimmen: Zu viele geistige Anregungen wirkten teils gleichzeitig, teils in chronologischer Folge zusammen. In Leipzig lernte Goethe Auerbachs Keller selber kennen. Die Studentenszene, die Szene »Auerbachs Keller« und »Strase« weisen auf Goethes Leipziger Zeit hin. Mit der Rückkehr in die Vaterstadt 1768 kam eine Fülle der Anregungen aus dem Studium alchimistischer, kabbalistischer und mystischer Literatur hinzu. Goethes erste belegte Erwähnung Fausts stammt aus dem Jahre 1769, als »Die Mitschuldigen« entstanden. Dort jammert Söller:

Es wird mir siedend heis. So war's dem Doktor Faust nicht halb zu Muth...

Wann Goethe dann die ersten Szenen seiner Faustdichtung zu Papier gebracht hat, läßt sich ebensowenig angeben – vermutlich erst nach seiner Rückkehr von Straßburg ins Elternhaus am 14. August 1771. Aber wir wissen von der Entstehung des Götz von Berlichingen und des Werthers her, daß der junge Goethe seine Dichtungen lange im Herzen bewegte und sie ausreifen ließ, bevor er sie dann in kürzester Frist und – wie er in »Italienische Reise« gerade von »Faust« bekennt – »in den Hauptscenen gleich so ohne Concept hingeschrieben« hat.

Indessen gibt es für die Entstehung der Gretchenhandlung einige festere Anhaltspunkte: Am 6. August 1771 promovierte Goethe in Straßburg zum Lizentiaten der Rechte. Der vorletzte Paragraph seiner juristischen Thesen, die er in der Prüfung zu verteidigen hatte, lautete, daß es eine Streitfrage der Gelehrten geworden sei, ob eine Kindsmörderin noch mit dem Tode zu bestrafen sei. Fast zur gleichen Zeit dieser Erörterung ereignete sich in Goethes Vaterstadt ein entsprechendes Beispiel: Am 3. August 1771 wurde dort von der Stadtwache die Kindsmörderin Susanna Margaretha Brandt ergriffen. Ihr Bruder war Sergeant, sie selber Magd in einem Gasthof, wo sie von einem Reisenden verführt worden war. Vom 8. bis 12. Oktober 1771 wurde ihr der Prozeß gemacht; ihre Hinrichtung fand am 14. Januar 1772 vor der Hauptwache statt. Ernst Beutler fand im

Nachlaß von Goethes Vater Abschriften von Akten des Prozesses, an dessen Führung Verwandte und Bekannte Goethes beteiligt waren.

Selbstverständlich hat den heimkehrenden Goethe dieses Schicksal nicht nur als Juristen, sondern auch als Dichter tief bewegt, und gemäß seinem im Siebenten Buch von »Dichtung und Wahrheit« gegebenen Bekenntnis, »nämlich dasjenige, was« ihn »erfreute oder quälte, oder sonst beschäftigte, in ein Bild, ein Gedicht zu verwandeln und darüber mit« sich »selbst abzuschließen«, wandelte Goethe das Schicksal der Susanna Margaretha Brandt zur Tragödie der Margarethe um und fügte sie seinem Plan zu einem Faustdrama ein, das damit um einen gegenüber der Stoffüberlieferung völlig neuen Zug bereichert wurde.

Eigene Erlebnisse und Erfahrungen – ohne daß sie etwas mit dem wirklichen Schicksal der Susanna Margaretha Brandt gemein gehabt hätten – wirkten in Goethes Tragödie der Margarethe als Fermente der Handlung: Mit dem Namen »Gretchen« verbindet Goethe im Fünften Buch von »Dichtung und Wahrheit« die Erinnerung an ein Mädchen, das er schon als Vierzehn- bis Fünfzehnjähriger in einem Kreise junger Leute kennengelernt hatte:

> Die Gestalt dieses Mädchens verfolgte mich von dem Augenblick an auf allen Wegen und Stegen; es war der erste bleibende Eindruck, den ein weibliches Wesen auf mich gemacht hatte.

Und wie deutlich hat sich dieses Erlebnis auf die Gestaltung der ersten Begegnung Fausts mit Margarethe vor dem Dom ausgewirkt, wenn Goethe in seiner Erinnerung an Gretchen fortfährt:

> ... da ich einen Vorwand sie im Hause zu sehen, weder finden konnte, noch suchen mochte, ging ich ihr zu Liebe in die Kirche und hatte bald ausgespürt wo sie saß; und so konnte ich während des langen protestantischen Gottesdienstes mich wohl satt an ihr sehen. Bei'm Herausgehen getraute ich mich nicht sie anzureden, noch weniger sie zu begleiten, und war schon selig, wenn sie mich bemerkt und gegen einen Gruß genickt zu haben schien.

Faust freilich hält sich nicht zurück; er handelt und wird schuldig. Aber auch Goethe hatte inzwischen erfahren, was es heißt, schuldig zu werden: Mit seiner Rückkehr aus Straßburg hatte er zugleich Friederike zurückgelassen:

Die Antwort Friederikens auf einen schriftlichen Abschied zerriß mir das Herz… Gretchen hatte man mir genommen, Annette mich verlassen, hier war ich zum ersten Mal schuldig

bekennt Goethe im Zwölften Buch von »Dichtung und Wahrheit«. Und weiter heißt es bezeichnend:

> Aber zu der Zeit, als der Schmerz über Friederikens Lage mich beängstigte, suchte ich, nach meiner alten Art, abermals Hülfe bei der Dichtkunst. Ich setzte die hergebrachte poetische Beichte wieder fort, um durch diese selbstquälerische Büßung einer innern Absolution würdig zu werden.

Goethe weist hier auf »die beiden Marien in Götz von Berlichingen und Clavigo, und die beiden schlechten Figuren, die ihre Liebhaber spielen« als Resultate hin, während er Margarethe nicht erwähnt. Trotzdem wird man die Entstehung jener Szene, die später im abgeschlossenen ersten Teil der Tragödie »Trüber Tag, Feld« überschrieben ist, hier ansetzen und vielleicht als erste überhaupt bezeichnen dürfen: Ihre ungebändigte, aufgewühlte Prosa, die sich dem Versuch von 1798, sie in Reime zu bringen, um so »die unmittelbare Wirkung des ungeheuren Stoffes« (Goethe an Schiller am 5. Mai 1798) zu dämpfen, widersetzt hat. – Sie wird, eben ihrer Unmittelbarkeit wegen, das Resultat jener fast zusammengetroffenen Erfahrungen sein, von denen die eine, die Goethe selber veranlaßt hatte, ihm das Bewußtsein von Schuld gab, während die andere, die er gleichsam nur als Zuschauer machte, ihm als überhöhtes Beispiel die Konsequenz solcher Schuld vor Augen führte.

Noch ein weiteres Motiv spricht für den Entwurf der Gretchenhandlung in den Jahren 1771/1772 und zeigt wohlmöglich an, wie umfassend der Plan zum Faust damals schon gediehen war, von ebendem Goethe in seinem letzten Brief vom 17. März 1832 an Wilhelm von Humboldt schrieb:

> Es sind über sechzig Jahre, daß die Conception des Faust bey mir jugendlich von vorne herein klar, die ganze Reihenfolge hin weniger ausführlich vorlag.

»Wir sehn uns wieder!« sind Margarethes Worte in der letzen Szene des Urfaust. Sie deuten wohlmöglich trotz der widersprüchig erscheinenden nachfolgenden Rufe »Auf ewig lebe wohl. Leb wohl Heinrich.« schon jene Fausts Erlösung voraussetzende Wiederbegegnung an, die dann erst mit Abschluß von Faust II gestaltet wurde. Der Plan solcher Wendung ist für die Zeit um 1772 um so mehr glaubhaft, als Goethe schon Götz von Berlichingen und Werther die Versicherung des Wiedersehens geben läßt – wobei im Falle Werthers ein entsprechendes Gespräch zwischen Goethe, Lotte und Kestner am 10. September 1772 tatsächlich vorausging.

War also möglicherweise schon um diese Zeit der Plan so weit gediehen, so durften Goethes Freunde mit Recht den baldigen Abschluß seiner Faustdichtung erwarten. Verschiedene stilistische Momente und Anzeichen religiöser Auseinandersetzung lassen vermuten, daß die Hauptarbeit in den Jahren 1773/74 geleistet worden ist. Entsprechend schließt Friedrich Wilhelm Gotter, Goethes Wetzlarer Freund, im Sommer 1773 sein Dankgedicht auf den empfangenen »Götz von Berlichingen« mit den Versen:

> Schick' mir dafür den Doctor Faust,
> Sobald Dein Kopf ihn ausgebraust.

Auch für die später als »Der Tragödie zweiter Teil« benannte Fortsetzung der Handlung ist offenbar schon 1774 ein Plan vorhanden gewesen, der nur auf folgende Weise überliefert ist: Im Mai 1774 trat Goethe seine erste Reise in die Schweiz an, nicht zuletzt, um gleichsam »einen Versuch zu machen, ob ich Lili entbehren könne«, wie er sich im Achtzehnten Buch von »Dichtung und Wahrheit« erklärt. Als Goethe im August 1824 Eckermann die damals seit vielen Jahren beiseite gelegte ursprüngliche Konzeption dieses Teiles seiner Autobiographie zur Einsicht überließ, hat dieser ihm eine Aufstellung angefertigt, »damit es ihm vor die Augen trete, was vollendet ist und welche Stellen noch einer Ausführung und anderweiten Anordnungen bedürfen«. (Goethes Gespräche mit Eckermann, 10. 8. 1824.) Für das Achtzehnte Buch, das damals noch als das dritte bezeichnet wurde, vermerkte Eckermann an gleicher Stelle: »Das dritte Buch, welches den Plan zu einer Fortsetzung des ›Faust‹ usw. enthält, ist als Episode zu betrachten, welche sich durch den noch auszuführenden Versuch der Trennung von Lili den übrigen Büchern gleichfalls anschließt. – Ob nun dieser Plan zu ›Faust‹ mitzuteilen oder zurückzuhalten sein wird, dieser Zweifel dürfte sich dann beseitigen lassen, wenn man die bereits fertigen Bruchstücke zur Prüfung vor Augen hat und erst darüber klar ist, ob man überall die Hoffnung einer

Fortsetzung des ›Faust‹ aufgeben muß oder nicht.« In der Tat fehlt im Achtzehnten Buch von »Dichtung und Wahrheit« dieser Plan – eben weil sich Goethe damals für die Fortsetzung seines Faust erwärmen ließ.

Die Skizze aber, die Goethe 1816 diktiert und Eckermann dann acht Jahre später vorgelegt hatte, ist uns erhalten geblieben. Weil Goethe sie ursprünglich, wie aus der Aufstellung Eckermanns hervorgeht, vor die als Versuch einer Trennung von Lili bezeichnete erste Reise in die Schweiz stellen und mithin den Plan zu Faust II schon auf das Frühjahr 1774 datiert wissen wollte, ist sie hier einzufügen, obgleich natürlich zu bedenken bleibt, daß bei der Erinnerung im Jahre 1816 nach einem Verlauf von zweiundvierzig Jahren die Möglichkeit einer Überlagerung älterer Vorstellungen durch jüngere gegeben war.

Zu Beginn des zweiten Theiles findet man Faust schlafend. Er ist umgeben von Geister Chören die ihm in sichtlichen Symbolen und anmuthigen Gesängen die Freuden der Ehre, des Ruhms, der Macht und Herrschaft vorspiegeln. Sie verhüllen in schmeichelnde Worte und Melodien ihre eigentlich ironischen Anträge. Er wacht auf, fühlt sich gestärkt, verschwunden alle vorhergehende Abhängigkeit von Sinnlichkeit und Leidenschaft. Der Geist, gereinigt und frisch, nach dem Höchsten strebend.

Mephistopheles tritt zu ihm ein und macht ihm eine lustige aufregende Beschreibung von dem Reichstage zu Augsburg, welchen Kaiser Maximilian dahin zusammen berufen hat, indem er annimmt, daß alles vor dem Fenster, drunten auf dem Platze, vorgeht, wo Faust jedoch nichts sehen kann. Endlich will Mephistopheles an einem Fenster des Stadthauses den Kaiser sehen, mit einem Fürsten sprechend, und versichert Fausten, daß nach ihm gefragt worden, wo er sich befinde und ob man ihn nicht einmal an Hof schaffen könne. Faust läßt sich bereden und sein Mantel beschleunigt die Reise. In Augsburg landen sie an einer einsamen Halle, Mephistopheles geht aus zu spioniren. Faust verfällt indeß in seine früheren abstrusen Speculationen und Forderungen an sich selbst und als jener zurückkehrt, macht Faust die wunderbare Bedingung: Mephistopheles dürfe nicht in den Saal, sondern müsse auf der Schwelle bleiben, ferner daß in des Kaisers Gegenwart nichts von Gaukeley und Verblendung vorkommen solle. Mephistopheles giebt nach. Wir werden in einen großen Saal versetzt, wo der Kaiser, eben von Tafel aufstehend, mit einem Fürsten ins Fenster tritt und gesteht, daß er sich Faustens Mantel wünsche um in Tyrol zu jagen und morgen zur Sitzung wieder zurück zu seyn. Faust wird angemeldet und gnädig aufgenommen. Die Fragen des Kaisers beziehen sich alle auf irdische Hindernisse, wie sie durch Zauberey zu beseitigen. Fausts Antworten deuten auf höhere Forderungen und höhere Mittel. Der Kaiser versteht ihn nicht, der Hofmann noch weniger. Das Gespräch verwirrt sich, stockt und Faust, verlegen, sieht sich nach Mephistopheles um, welcher sogleich hinter ihn tritt und in seinem Namen antwortet. Nun belebt sich das Gespräch, mehrere Personen treten näher und jedermann ist zufrieden mit dem wundervollen Gast. Der Kaiser verlangt Erscheinungen, sie werden zugesagt. Faust entfernt sich der Vorbereitungen wegen. In dem Augenblick nimmt Mephistopheles Fausts Gestalt an, Frauen und Fräuleins zu unterhalten und wird zuletzt für einen ganz unschätzbaren Mann gehalten, da er durch leichte Berührung eine Handwarze, durch einen etwas derben Tritt seines vermummten Pferdefußes ein Hühner Auge curirt, und ein blondes Fräulein verschmäht nicht ihr Gesichtchen durch seine hagern und spitzen Finger betupfen zu lassen, indem der Taschenspiegel ihr sogleich, daß eine Sommersprosse nach der anderen verschwinde, tröstlich zusagt. Der Abend kommt heran, ein magisches Theater erbaut sich von selbst. Es erscheint die Gestalt der Helena. Die Bemerkungen der Damen über diese Schönheit der Schönheiten beleben die übrigens fürchterliche Scene. Paris tritt hervor und diesem ergehts von Seiten der Männer, wie es jener von Seiten der Frauen ergangen. Der verkappte Faust giebt beiden Theilen recht und es entwickelt sich eine sehr heitere Scene.

Über die Wahl der dritten Erscheinung wird man nicht einig, die herangezogenen Geister werden unruhig; es erscheinen mehrere bedeutende zusammen. Es entstehen sonderbare Verhältnisse, bis endlich Theater und Phantome zugleich verschwinden. Der wirkliche Faust, von drei Lampen beleuchtet, liegt im Hintergrunde ohnmächtig, Mephistopheles macht sich aus dem Staube, man ahndet etwas von dem Doppeltseyn, niemanden ist wohl bey der Sache zu Muthe.

Mephistopheles als er wieder auf Fausten trifft, findet diesen in dem leidenschaftlichsten Zustande. Er hat sich in Helena verliebt und verlangt nun daß der Tausendkünstler sie herbey schaffen und ihm in die Arme liefern solle. Es finden sich Schwierigkeiten. Helena gehört dem Orkus und kann durch Zauberkünste wohl herausgelockt aber nicht festgehalten werden. Faust steht nicht ab, Mephistopheles unternimmts. Unendliche Sehnsucht Fausts nach der einmal erkannten höchsten Schönheit. Ein altes Schloß, dessen Besitzer in Palestina Krieg führt, der Castellan aber ein Zauberer ist, soll der Wohnsitz des neuen Paris werden. Helena erscheint: durch einen magischen Ring ist ihr die Körperlichkeit wieder gegeben. Sie glaubt soeben von Troja zu kommen und in Sparta einzutreffen. Sie findet alles einsam, sehnt sich nach Gesellschaft, besonders nach männlicher, die sie ihr lebelang nicht entbehren können. Faust tritt auf und steht als deutscher Ritter sehr wunderbar gegen die antike Heldengestalt. Sie findet ihn abscheulich, allein da er zu schmeicheln weiß, so findet sie sich nach und nach in ihn, und er wird der Nachfolger so mancher Heroen und Halbgötter. Ein Sohn entspringt aus dieser Verbindung, der, sobald er auf die Welt kommt, tanzt, singt und mit Fechterstreichen die Luft theilt. Nun muß man wissen daß das Schloß mit einer Zaubergränze umzogen ist, innerhalb welcher allein diese Halbwirklichkeiten gedeihen können. Der immer zunehmende Knabe macht der Mutter viel Freude. Es ist ihm alles erlaubt, nur verboten über einen gewissen Bach zu gehen. Eines Festtags aber hört er drüben Musik und sieht die Landleute und Soldaten tanzen. Er überschreitet die Linie, mischt sich unter sie und kriegt Händel, verwundet viele wird aber zuletzt durch ein geweihtes Schwerdt erschlagen. Der Zauberer Castellan rettet den Leichnam. Die Mutter ist untröstlich und indem Helena in Verzweiflung die Hände ringt, streift sie den Ring ab und fällt Faust in die Arme der aber nur ihr leeres Kleid umfaßt. Mutter und Sohn sind verschwunden. Mephistopheles der bisher unter der Gestalt einer alten Schaffnerin von allem Zeuge gewesen, sucht seinen Freund zu trösten und ihm Lust zum Besitz einzulösen. Der Schloßherr ist in Palestina umgekommen,

Mönche wollen sich der Güter bemächtigen, ihre Seegensprüche heben den Zauberkreis auf. Mephistopheles räth zur physischen Gewalt und stellt Fausten drei Helfershelfer, mit Namen: Raufebold, Habebald, Haltefest. Faust glaubt sich nun genug ausgestattet und entläßt den Mephistopheles und Castellan, führt Krieg mit den Mönchen, rächt den Tod seines Sohnes und gewinnt große Güter. Indessen altert er, und wie es weiter ergangen wird sich zeigen, wenn wir künftig die Fragmente, oder vielmehr die zerstreut gearbeiteten Stellen dieses zweiten Theils zusammen räumen und dadurch einiges retten was den Lesern interessant seyn wird.

Dergleichen dichterische Seltsamkeiten, theils erzählt als Plan und Vorsatz, theils stellenweis fertig vorgelesen, gaben denn freilich eine sehr geistreiche und anregende [Unterhaltung].

Der Dichter Heinrich Christian Boie, der Goethe vom 15. bis 17. Oktober 1774 in Frankfurt besuchte, schrieb unter dem 15. Oktober in sein Tagebuch:

Einen ganzen Tag allein, ungestört mit Goethen zugebracht… Er hat mir viel vorlesen müssen, ganz und Fragment, und in allem ist der originale Ton, eigne Kraft, und bei allem Sonderbaren, Uncorrecten, alles mit dem Stempel des Genies geprägt. Sein »Dr. Faust« ist fast fertig und scheint mir das Größte und Eigentümlichste von allem.

Karl Ludwig Knebel, der Begleiter der weimarischen Prinzen Carl August und Constantin, begeisterte sich im Brief vom 23. Dezember 1774 an Bertuch nach seinem Besuch bei Goethe:

Ich habe einen Haufen Fragmente von ihm, unter andern zu einem ›Doctor Faust‹, wo ganz ausnehmend herrliche Scenen sind. Er zieht die Manuscripte aus allen Winkeln seines Zimmers hervor.

Am 30. März 1775 war Klopstock zu Besuch bei Goethe in Frankfurt. Goethe erinnert sich daran im Achtzehnten Buch von »Dichtung und Wahrheit«:

Einige besondere Gespräche mit Klopstock erregten gegen ihn, bei der Freundlichkeit die er mir erwies, Offenheit und Vertrauen; ich theilte ihm die neusten Scenen des Faust mit, die er wohl aufzunehmen schien, sie auch, wie ich nachher vernahm, gegen andere Personen mit entschiedenem Beifall, der sonst nicht leicht

in seiner Art war, beehrt und die Vollendung des Stücks ge-
wünscht hatte.

Auch im Oktober 1775 arbeitete Goethe noch an der Szenenfolge
des Urfaust, wie wir seiner Bemerkung »Hab an ›Faust‹ viel geschrieben« in einem damaligen Brief an Merck entnehmen können.

Am 19. Januar 1776 urteilte Merck in einem Brief an Nicolai:

> Sein ›Faust‹ ist ... ein Werk, das mit der *grössten Treue* der Natur
> abgestohlen ist... Ich staune, so oft ich ein neu Stück zu ›Fausten‹
> zu sehen bekomme, wie der Kerl zusehends wächst, und Dinge
> macht, die ohne den grossen Glauben an sich selbst und den damit
> verbundenen Muthwillen ohnmöglich wären.

Entsprechend schrieb Zimmermann an Reich am 25. Januar 1776:

> Sein ›Doctor Faust‹ ist ein Werk für alle Menschen in Deutschland.
> Er hat mir einige Fragmente davon in Frankfurt vorgelesen, die
> mich bald entzückten und dann wieder halb todt lachen machten.

Goethes Freund Maler Müller hatte 1776 ein kleines Bruchstück seiner auf fünf Teile berechneten dramatischen Faustdichtung unter
dem Titel »Situation aus Fausts Leben« veröffentlicht, dem er 1778
den ersten Teil von »Fausts Leben, dramatisiert« mit dem Hinweis
folgen ließ:

> Lessing und Goethe arbeiten beide an einem ›Faust‹; ich wusste es
> nicht, damals noch nicht, als der meinige zum Niederschreiben
> mir interessant wurde.

II. Fragment

Mit der Übersiedlung nach Weimar kam die Arbeit an Faust offenbar ins Stocken. Es mangelt aller konkreten Hinweise. Nur am
9. Februar 1782 heißt es einmal in einem Brief an Frau von Stein
gelegentlich der Beschreibung einer Abendgesellschaft:

> Mir raunte Mephistopheles einige Anmerkungen leise zu, und ich
> ließ mir den Punsch schmecken.

Erst mit dem 12. Dezember 1786 fällt wieder eine Bemerkung, die
Goethe gelegentlich der geplanten Ausgabe seiner Schriften von
Rom aus in einem Brief an Herzog Carl August macht:

> Nun soll es über die andern Sachen, endlich auch über Faust her-
> gehn. Da ich mir vornahm meine Fragmente drucken zu lassen,
> hielt ich mich für tod. Wie froh will ich seyn, wenn ich mich durch

Vollendung des Angefangnen wieder als lebendig legitimiren kann.

Ende Juni 1786 hatte Goethe mit dem Buchhändler Göschen wegen des Verlages der ersten rechtmäßigen Ausgabe seiner Schriften verhandelt. Als Goethe vier Wochen später nach Karlsbad zur Kur und dann am 3. September von dort nach Italien aufbrach, befand sich mit den umzuarbeitenden und zu ergänzenden Dramen »Iphigenie«, »Egmont« und »Tasso« auch das Faustmanuskript in seinem Reisegepäck. »Iphigenie« war, als Goethe im Dezember 1786 an Carl August schrieb, gerade abgeschlossen worden, doch »Faust« ließ auf sich warten. Ein Jahr später, am 8. Dezember 1787, berichtet Goethe dem Herzog im Bewußtsein der Schwierigkeit seines Vorhabens:

An Faust gehe ich ganz zuletzt, wenn ich alles andre hinter mir habe. Um das Stück zu vollenden, werd ich mich sonderbar zusammennehmen müßen. Ich muß einen magischen Kreis um mich ziehen, wozu mir das günstige Glück eine eigne Städte bereiten möge.

Daß Goethe die Wiederaufnahme der Arbeit an Faust damals weit hinausschob, ist nur verständlich, wenn man bedenkt, wie tief er damals ins klassische Altertum eingetaucht war: In die Welt der Antike paßte der Stoff »aus cimerischer Nacht« nicht. Deshalb sah Goethe voraus, daß er sich würde »sonderbar zusammennehmen müßen« daß er »einen magischen Kreis« würde um sich ziehen müssen, und daß ihm das »günstige Glück eine eigene Städte bereiten möge«, damit er sich wieder in die nordische Zauberwelt zurückfände.

Das alles scheint erst in der letzten Februarwoche 1788 gelungen zu sein, denn die »Korrespondenz« in »Italienische Reise« berichtet unter dem 1. März 1788:

Es war eine reichhaltige Woche, die mir in der Erinnerung wie ein Monat vorkommt.

Zuerst ward der Plan zu Faust gemacht, und ich hoffe, diese Operation soll mir geglückt seyn. Natürlich ist es ein ander Ding, das Stück jetzt oder vor fünfzehn Jahren ausschreiben, ich denke, es soll nichts dabei verlieren, besonders da ich jetzt glaube den Faden wieder gefunden zu haben. Auch was den Ton des Ganzen betrifft, bin ich getröstet; ich habe schon eine neue Scene ausgeführt, und wenn ich das Papier räuchre, so dächt' ich, sollte sie mir niemand

aus den alten herauffinden. Da ich durch die lange Ruhe und Ab-
geschiedenheit ganz auf das Niveau meiner eignen Existenz zu-
rückgebracht bin, so ist es merkwürdig, wie sehr ich mir gleiche
und wie wenig mein Innres durch Jahre und Begebenheiten ge-
litten hat. Das alte Manuskript macht mir manchmal zu denken,
wenn ich es vor mir sehe. Es ist noch das erste, ja in den Haupt-
szenen gleich so ohne Concept hingeschrieben, nun ist es so gelb
von der Zeit, so vergriffen (die Lagen waren nie geheftet), so
mürbe und an den Rändern zerstoßen, daß es wirklich wie das
Fragment eines alten Kodex aussieht, so daß ich, wie ich damals in
eine Welt mich mit Sinnen und Ahnden versetzte, mich jetzt in
eine selbst gelebte Vorzeit wieder versetzen muß.

Nachdem das alte Manuskript aufgeschlagen war, wirkte es auf
Goethe selber wie eine Zauberschrift, in deren Bann er sich alsbald
gezogen fühlte. Ein Plan zur Ergänzung der lockeren Szenenfolge
wurde gemacht, denn sie bedurfte noch mancherlei zu ihrem Zu-
sammenhalt und zum Verständnis. So fehlte als wichtigstes Moment
der Handlung noch der Pakt mit Mephistopheles; und wieso Faust
in vorgeschrittenen Jahren, als der er uns in seinem ersten Monolog
erscheint, wie ein Jüngling um Gretchen wirbt, war auch nicht ohne
weiteres verständlich.

Aber eben dieses letztere Problem scheint Goethe damals mit dem
genialen Einfall, Faust durch einen Hexentrunk zu verjüngen, gerade
gelöst zu haben: Eine »neue Scene« habe er schon ausgeführt, schreibt
Goethe. Und von Eckermann und Riemer wissen wir auf Grund der
Gespräche Goethes, daß Goethe 1788 die Szene »Hexenküche« im
Garten Borghese geschrieben hat. Auf sie trifft zu, was Goethe in der
»Korrespondenz« für den 1. März vermerkt, daß, wenn er das Papier
räucherte, sie niemand aus den alten Szenen herausfinden könnte.

Ob dann in Rom trotz der nun bevorstehenden Rückkehr nach
Weimar noch an anderen Szenen (»Wald und Höhle«) gearbeitet
worden ist, läßt sich nicht feststellen. An den ursprünglich vorgesehenen Abschluß des Werkes war jedenfalls nicht mehr zu denken.

Am 28. März 1788 schrieb Goethe aus Rom an Herzog Carl August:
Lila ist fertig, Jery auch, meine kleinen Gedichte sind bald zusam-
mengeschrieben, so bliebe mir für den nächsten Winter, die Aus-
arbeitung Fausts übrig, zu dem ich eine ganz besondere Neigung

fühle. Möge ich nur halb so reussiren, als ich wünsche und hoffe! Aber dieses Verlangen ließ sich nicht befriedigen: Allein schon das nach fast zweijähriger Abwesenheit erforderliche Wiedereinleben in die Weimarer Verhältnisse, das durch manche persönliche Entfremdung noch erschwert wurde, beanspruchte Goethe in einer Weise, die der Arbeit an Faust nicht förderlich sein konnte. Und so überrascht es denn nicht, wenn Goethe seinem teilnehmenden Fürsten schließlich am 5. Juli 1789 von Weimar aus nach Wilhelmsthal berichtete:

>Faust‹ will ich als Fragment geben aus mehr als einer Ursache. Davon mündlich.

Ein geringeres Thema hätte sich freilich trotz widriger Umstände in absehbarer Zeit bewältigen lassen. Allein Faust ließ sich nicht zwingen. So ging denn Goethes Trachten danach, für die schon auf 1788 angesetzte Ausgabe seiner Schriften das bis jetzt entstandene Faust-Manuskript so zu bearbeiten, daß es wenigstens als ein sinnvolles Fragment zum Frühjahr 1790 mit zweijähriger Verspätung im nachhinkenden siebten Band dem Publikum würde in die Hände gegeben werden können.

Diese Arbeit scheint im wesentlichen bis zum 5. November 1789 geleistet worden zu sein. Denn an jenem Tage schrieb Goethe an Carl August:

Ich bin wohl und fleißig gewesen. Faust ist fragmentirt, das heißt, in seiner Art für dießmal abgethan. Mittelsdorf [Registrator und Kanzlist am Geheimen Konsilium] schreibt ihn ab. Ein wunderlicher Concept ist ihm wohl nie vorgelegt worden. Es ist recht eigen, alle diese Tollheiten von eben der Hand zu sehen, welche uns sonst nur: *Veste, liebe getreue* [allgemeine Anrede in den amtlichen Verfügungen] gewohnt ist.

Die Bezeichnung »wunderliches Concept« und »Tollheiten« lassen erkennen, wie sich Goethe am Ende doch trotz der Schaffung der Hexenküche-Szene und der Versicherungen in der »Korrespondenz« vom 1. März 1788 und im Brief vom 28. März desselben Jahres an Carl August gerade durch das Italienerlebnis von seiner Faust-Dichtung distanziert fühlte. Es war eingetreten, was Goethe nach der Ankunft in Rom seiner Mutter am 4. November 1786 vorausgesagt hatte, daß er als »ein neuer Mensch zurückkommen« werde.

Als Goethe am 10. Januar 1790 erleichtert in sein Tagebuch schreiben konnte: »›Faust‹ abgeschickt« und das Werk endlich im Sommer 1790 unter dem Titel »Faust, ein Fragment« gedruckt war, da war die ursprüngliche Fassung nicht nur um die »Hexenküche« bereichert, sondern auch um die Szene »Wald und Höhle« und einige andere Ergänzungen, die im Vergleich mit dem Urfaust und dem abgeschlossenen Faust I ebenso aufschlußreich sind, wie einige Streichungen und Umstellungen.

»Faust, ein Fragment« ist in großen Zügen auf folgende Weise charakterisiert:
An die im Urfaust mit dem Gespräch Faust-Wagner endende Szene »Nacht«, die erst in Faust I mit Fausts zweitem Monolog, dem Selbstmordversuch und »Glockenklang und Chorgesang« fortgeführt wird, schließt sich jetzt ein Dialog Faust-Mephistopheles von 97 Versen an, der unvermittelt mit Fausts Worten beginnt:
Und was der ganzen Menschheit zugetheilt ist,
Will ich in meinem Innern Selbst genießen,
Mit meinem Geist das Höchst' und Tiefste greifen,
Ihr Wohl und Weh auf meinen Busen häufen,
Und so mein eigen Selbst zu Ihrem Selbst erweitern,
Und, wie sie selbst, am End' auch ich zerscheitern.
In Faust I geht diesen Versen der Abschluß des Paktes unmittelbar voraus. Offenbar war es Goethes Absicht, mit dem nun folgenden Dialog für die noch nicht ausgeführte Paktszene dergestalt Ersatz zu schaffen, daß sich der Leser das Bündnis als eben vorher abgeschlossen denken konnte.
Auf diesen Dialog, der in Mephistos Monolog »Verachte nur Vernunft und Wissenschaft...« ausklingt, folgt dann wie im Urfaust und Faust I die Szene des Mephistopheles mit dem Schüler, der im Urfaust noch »Student« benannt ist. Aber gegenüber dem Urfaust ist diese Szene im »Fragment« um 71 Verse gekürzt, die auch im Faust I nicht wiederaufgenommen wurden. Im Urfaust heißt es nach dem Bekenntnis des Studenten »Aufrichtig! Mögt schon wieder fort!«:
Sieht all so trocken ringsum aus
Als säs Heishunger in iedem Haus.

Meph:

Bitt euch! dran euch nicht weiter kehrt,
Hier alles sich vom Studenten nährt.
Doch erst, wo werdet ihr logiren?
Das ist ein Hauptstück!

Student

Wollet mich führen
Bin warrlich ganz ein irres Lamm.
Mögt gern das gute so allzusamm,
Mögt gern das böse mir all vom Leib,
Und Frevheit, auch wohl Zeitvertreib,
Mögt auch dabey studiren tief,
Dass mirs über Kopf und Ohren lief!
O Herr helft dass meiner Seel
Am guten Wesen nimmer fehl.

Mephis: krazt sich.

Kein Logie habt ihr? wie ihr sagt.

Student

Hab noch nicht 'mal darnach gefragt.
Mein Wirthshaus nährt mich leidlich gut,
Feines Mägdlein drinn aufwarten thut.

Meph:

Behüte Gott das führt euch weit!
Caffee und Billard! Weh dem Spiel!
Die Mägdlein ach sie geilen viel!
Vertripplistreichelt eure Zeit.
Dagegen sehn wirs leidlich gern,
Dass alle Studiosi nah und fern
Uns wenigstens einmal die Wochen
Kommen untern Absaz gekrochen.
Will einer an unserm Speichel sich lezzen
Den thun wir zu unsrer Rechten sezzen.

Student

Mir wird ganz greulich vorm Gesicht!

Meph:

Das schadt der guten Sache nicht.
Dann fordersamst mit dem Logie

Wüßt ich euch wohl nichts bessers hie,
Als geht zu Frau Sprizbierlein morgen
Weis Studiosos zu versorgen.
Hats Haus von oben bis unten voll,
Und versteht weidlich was sie soll.
Zwar Noes Arche war saubrer gefacht,
Doch ists einmal so hergebracht.
Ihr zahlt was andre vor euch zahlten
Die ihren Nahm aufs- Haus mahlten.

Student

Wird mir fast so eng um's Herz herum
Als zu Haus im Colegium.

Meph:

Euer Logie wär nun bestellt.
Nun euren Tisch für leidlich Geld!

Student

Mich dünkt das gäb sich alle nach,
Wer erst von Geist Erweitrung sprach!

Meph:

Mein Schaz! das wird euch wohl verziehn,
Kennt nicht den Geist der Akademien.
Der Mutter Tisch müßt ihr vergessen,
Klar Wasser geschiedne Butter fressen.
Statt Hopfen Keim und iung Gemüs,
Geniessen mit Dank Brennesseln süs,
Sie thun einen Gänse stuhlgang treiben,
Aber eben drum nicht bass bekleiben,
Hammel und Kalb kühren ohne End,
Als wie unsers Herr Gotts Firmament.
Doch zahlend wird von euch ergänzt
Was Schwärmerian vor auch geschwänzt.
Müsst euren Beutel wohl versorgen,
Besonders keinem Freunde borgen
Aber redlich zu allen Maalen
Wirth, Schneider und Professor zahlen.

Student

Hochwürdger Herr das findet sich.

> Aber nun bitt ich leitet mich!
> Mir steht das Feld der Weisheit offen,
> Wäre gern so grade zu geloffen,
> Aber sieht drinn so bunt und kraus
> Auch seitwärts wüst und trocken aus.
> Fern thät sich's mir vor die Sinnen stellen,
> Als wie ein Tempe voll frischer Quellen.

Die anschließenden Verse haben eine auch für Faust I gültige Änderung erfahren. Sie lauteten im Urfaust noch:

> Meph:
> Sagt mir erst eh ihr weiter geht,
> Was wählt ihr für eine Fakultät?
> Student
> Soll zwar ein Mediziner werden,
> Doch wünscht ich rings von aller Erden,
> Von allem Himmel und all Natur,
> So viel mein Geist vermögt zu fassen.

Und die anknüpfenden Verse des Mephistopheles werden erst im »Fragment« durch die Versicherung des Schülers unterbrochen:

> Ich bin dabey mit Seele und Leib;
> Doch freylich würde mir behagen
> Ein wenig Freyheit und Zeitvertreib
> An schönen Sommerfeiertagen.

Worauf denn auch Mephistopheles gegenüber der Fassung des Urfaust noch die beiden Verse hinzufügt:

> Gebraucht der Zeit, sie geht so schnell von hinnen,
> Doch Ordnung lehrt euch Zeit gewinnen.

Hier mündet der Dialog in die Ausführungen im Urfaust. Dagegen sind die 37 Verse von »Das sollt ihr mir nicht zweymal sagen!« bis »Von einem Wort läßt sich kein Jota rauben.« wieder erstmals im »Fragment« enthaltene Ergänzungen des ursprünglichen Dialogs. Und auch der kurze Dialog Faust-Mephistopheles nach dem Abgang des Schülers, beginnend mit Fausts Frage: »Wohin soll es nun gehn?« und endend mit Mephistopheles' Vers: »Ich gratulire dir zum neuen Lebenslauf.« ist eine im »Fragment« vorgenommene Ergänzung, um

die Fortsetzung der Handlung mit »Auerbachs Keller« verständlicher zu machen und den ganzen Handlungsverlauf enger zu knüpfen.
In der Szene »Auerbachs Keller« selber finden sich dann gegenüber dem Urfaust manche Milderungen des Ausdrucks und zahlreiche orthographische Korrekturen; außerdem einige Umstellungen ganzer Versgruppen, kleine Ergänzungen und Streichungen, die auch für Faust I Gültigkeit behielten.
Nachdem Faust im Fragment am Schluß der Schülerszene beim Aufbruch aus seiner Studierstube Mephistopheles bereits geklagt hatte:

> Allein mit meinem langen Bart
> Fehlt mir die leichte Lebensart.

führt dieser ihn unmittelbar nach »Auerbachs Keller« in die »Hexenküche«, zu deren vollständigem Text von Faust I noch die sechzehn Verse von »Warum denn just das alte Weib?« bis »Allein der Teufel kann's nicht machen.« und von »So sagt mir doch verfluchte Puppen« bis »Da habt ihr ein großes Publicum.« fehlen.
Die kurze Szene des Urfaust »Land Strase« wurde der »Hexenküche« geopfert und blieb auch aus Faust I ausgeschlossen. Sie lautete:

> Land Strase
> Ein Kreuz am Weege, rechts auf dem Hügel ein altes
> Schloß, in der Ferne ein Bauerhüttgen.
>
> Faust
> Was giebts Mephisto hast du Eil?
> Was schlägst vorm Kreuz die Augen nieder?
> Meph:
> Ich weis es wohl es ist ein Vorurtheil,
> Allein genung mir ists einmal zuwieder.

Die Gretchenhandlung des Urfaust wurde zur Abrundung des »Fragments« wesentlich geändert, während in Faust I der ursprüngliche Handlungsverlauf bis auf einige kleine Variationen wieder hergestellt ist.
Zunächst sind in der Szene »Allee«, die seit dem »Fragment« »Spaziergang« bezeichnet ist, zwei belanglose Verse unterdrückt, die das Verschwinden des Schmucks betreffen und zwischen Mephistopheles' Worten: »Den hat ein Pfaff' hinweggerafft!-« und »Die Mutter kriegt das Ding zu schauen« standen:

Hätt einer auch Engels blut im Leibe,
Er würde da zum Heerings Weibe.

Diese beiden Verse wurden auch in Faust I nicht wiederaufgenommen.

Die in Urfaust wie Faust I aufeinanderfolgenden Szenen »Am Brunnen« und »Zwinger« sind im »Fragment« durch die neu entstandene Szene »Wald und Höhle« getrennt, die dann in Faust I vorgezogen und zwischen die Szenen »Ein Gartenhäuschen« und »Gretchens Stube« gestellt ist.

Der in Urfaust schon vorhandene Monolog Valentins, der in Faust I in der Szene »Nacht Straße vor Gretchens Thüre« die Valentinhandlung eröffnet, ist im »Fragment« zur Straffung der Handlung gestrichen, zumal er den Blick auf eine Episode lenkt, von der Goethe damals allenfalls einen Plan gehabt haben mag.

Aber aus dem diesem Monolog schon in Urfaust folgenden Dialog Faust-Mephistopheles hat Goethe die Verse von »Nur fort, es ist ein großer Jammer!« bis »Stellt er sich gleich das Ende vor.« in die neue Versfolge von »Wald und Höhle« eingeschlossen. Die erst in Faust I wiederkehrenden Anfangsverse jenes Dialogs sind im »Fragment« offensichtlich deshalb unterdrückt worden, weil sie auf die damals noch nicht gestaltete Walpurgisnacht-Szene zielen.

Nach dem sich »Wald und Höhle« anschließenden Auftritt Gretchens im »Zwinger« endet das Fragment mit der Szene »Dom«, die in Urfaust noch den Untertitel »Exequien der Mutter Gretgens« trug, während dieser jetzt – wie später in Faust I – lautet: »Amt, Orgel, Gesang«. Die Szene ist mit geringen Wortänderungen und orthographischer Normalisierung bis auf den einen ausgelassenen Vers des Bösen Geistes »Brandschande Maalgeburt!« aus Urfaust übernommen.

Das »Fragment« bricht mit Gretchens Ruf »Nachbarinn! Euer Fläschchen! –« und der Regieanweisung »Sie fällt in Ohnmacht« auf dem Höhepunkt der Gretchenhandlung ab und läßt das weitere Schicksal Gretchens, das ja schon in Urfaust bis zur bitteren Neige gestaltet war, bewußt offen.

In diesem Zustand wurde den Zeitgenossen, sofern sie nicht zu Goethes Freundeskreis gehörten und den Urfaust selber zu lesen oder vorgelesen zu bekommen Gelegenheit gehabt hatten, Goethes Faust-dichtung erstmals bekannt.

Goethes damaliger Verleger hatte das Faust-Fragment nicht nur innerhalb der Ausgabe »Goethe's Schriften. Erster – Achter Band. Leipzig, bey Georg Joachim Göschen, 1787–1790« nach Goethes Anordnung in Bd. 7 zusammen mit »Jery und Bätely« und »Scherz, List und Rache«, sondern auch als Einzeldruck »Faust. Ein Fragment. Von Goethe. Ächte Ausgabe. Leipzig, bey Georg Joachim Göschen, 1790« erscheinen lassen. Alsbald kamen auch Raubdrucke des Werkes auf. Unter ihnen bot der berüchtigte Verleger Himburg den bekanntesten an, der – durch kein Honorar belastet – im Papier wohl besser sein konnte als die »ächten Ausgaben«, allein im Druck noch weit mehr Fehler aufwies als jene.

In Erwartung des gedruckten Werkes schrieb Goethe am 3. März 1790 an Friedrich Heinrich Jacobi:

> Dieses Jahr habe ich mich durch manches durchgearbeitet. Die zwei letzten Bände [6 und 7] meiner Schriften werdet Ihr Ostern haben, nehmt vorlieb. Mir ist diese Epoche wichtig, ich habe damit vieles abgethan.

Sichtlich hatte Jacobi die beiden Bände inzwischen erhalten, als er am 12. April 1791 antwortete:

> Von ›Faust‹ kannte ich beinah schon alles, und eben deswegen hat er doppelt und dreifach auf mich gewirkt. Wie ich vor 16 Jahren fühlte, und wie ich jetzt fühle, das wurde Eins. Und was alles dazu kam, magst Du Dir vorstellen, wenn Du kannst und willst.

Am 30. Juli und 3. August 1790 brachte die »Neue Nürnbergische gelehrte Zeitung« (Nürnberg) folgende Rezension des Werkes:

> Deutschlands grosser Dichter, der in seiner Iphigenia die Feinheit des griechischen Geschmacks so wie die Regelmässigkeit der griechischen Kunst vollkommen zu erreichen wußte, gibt uns in diesem Theile ein Meisterstück in einer ganz andern Manier, das aber so unverkennbare, große Züge des Genie's trägt, daß, wenn Göthe auch sonst nichts geschrieben hätte, dieses allein seinem Namen Unsterblichkeit verschaffen würde. Es ist dasselbige *Faust*, ein Fragment. Er nahm die bekannte Volkssage, so wie sie vor ihm lag, und blies diesem rohen Erdenklos einen lebendigen Odem des

Geistes ein, der nun, wie ein Sonnenstral auf der gekräuselten Wasserfläche, in und auf demselbigen webet und zückt. Die Form ist einfach, und größtentheils unpolirt. Es sind abgerissene, fragmentarische Scenen, die aber dennoch ein Ganzes bilden, indem der aufmerksame Leser den knüpfenden Faden leicht finden kann. Die Verse sind gereimt, oft scheinen sie in meistersängerischen Holzschuhen einherzustolpern, und oft erheben sie sich im pindarischen Flug. Wer nur etwas in das Innere hineinzublicken vermag, der wird über die Schätze der tiefgeschöpften Lebensweisheit, über die zauberische Darstellungskraft, die Lebhaftigkeit der Phantasie, und besonders über die große Kunst, Gedanken und Empfindungen zu versinnlichen (und wer dieß Drama aus diesem Gesichtspunkte betrachtet, der wird wohl den Schlüssel zu dem geistigen Sinn desselbigen gefunden haben), bewundern, und gestehen müssen: »hier ist der deutsche Shakespeare.«

[Folgt Inhaltsangabe.]

Soweit diese Fragmente, die nur ein Theil eines weit grösseren Ganzen sind. Wenn je die Erwartung des Publikums auf die Fortsetzung eines Geistesproduktes gespannt war, so muß sie es auf die Fortsetzung des gegenwärtigen seyn. Dieser Band enthält noch 2 Singspiele: *Jery und Bätely*, und *Scherz, List und Rache*, von welchen Rec. aber hier nichts sagen kann, weil er von Faust so viel gesagt hat.

Am 3. September 1790 würdigte die »Oberdeutsche, allgemeine Litteraturzeitung« (Salzburg) die Göschensche Ausgabe von Goethes Schriften. Zum 7. Band heißt es:

In diesem Bande finden wir außer einem Singspiele: *Jery und Bätely*, und einer mit viel Laune geschriebenen Opera buffa: *Scherz, List und Rache*, das Meisterwerk *Faust*, dessen Erscheinung wir schon lange begierig entgegen sahen, das aber leider! auch noch immer Fragment ist. Dieses Werk, bald in gereimten, bald in ungereimten Versen geschrieben, ist eines von denen, in welchen wir des Verf. Originalität, Kunst und Darstellungskraft so vieler heterogener Dinge äußerst bewundern müssen. Wir lassen uns, indem wir es lesen, auf dem Sonnenwagen der Phantasie des Verf. so unbemerkt forttragen, daß wir glauben, in jener Welt zu leben, und zu weben; daß wir uns unwillig nur zu bald am

Scheidewege von dem Dichter trennen, und daß wir, weil wir uns dieser lieben Gesellschaft noch gar nicht entäußern können, lieber den Weg noch einmahl antreten, und uns doch wieder zu bald am Ziele sehen. Es wird wohl schwerlich jemanden, der sich in die Scenen gehörig zu versetzen weiß, genügen, *Fausten* nur einmahl zu lesen, und wer es versteht, sich an des Verf. Ideen anzuschmiegen, der wird den Reitz der Wiedererweckung derselben nicht sogleich fahren lassen; wird noch einmahl, und noch einmahl nach dem Zaubergemählde greifen, und seine Phantasie an der Quelle der individuellen Schönheiten laben. Wir können das den Lesern nicht anschaulicher machen, als wenn wir sie ersuchen, das Werk selbst in die Hände zu nehmen, um sich zu überzeugen, wenn sie, versteht sich! zu überzeugen sind. Eine von den frappantesten Scenen ist die Schlußscene. Man stelle sich das Innere eines antiken Doms recht lebhaft vor, sehe in demselben ein halbverzweifelndes, bethendes Mädchen, das Faustes Liebesforderungen Gehör gab; höre den feyerlichen Orgelton bey dem Chore, und lese: –

Böser Geist.

Wie anders, Gretchen, war dir's,
Als du noch voll Unschuld
Hier zum Altar trat'st,
Aus dem vergriffnen Büchelchen
Gebete lalltest,
Halb Kinderspiele
Halb Gott im Herzen,
Gretchen!
Wo steht dein Kopf?
In deinem Herzen,
Welche Missethat?
Bet'st du für deiner Mutter Seele, die
Durch dich zur langen, langen Pein hinüberschlief?
Auf deiner Schwelle wessen Blut
– Und unter deinem Herzen
Regt sich's nicht quillend schon,
Und ängstigt dich und sich
Mit ahnungsvoller Gegenwart?

Gretchen.
Weh! Weh!
Wär' ich der Gedanken los,
Die mir herüber und hinüber gehen
Wider mich!

u.s.w.

Nach Lesung des Ganzen haben wir noch den Wunsch übrig:
Ach! daß doch *Faust* kein *Fragment* wäre!
Auf einen Vergleich mit Lessings Faust läuft eine Rezension hinaus,
die 1792 im 110. Band der Allgemeinen deutschen Bibliothek (Kiel)
erschien:

> Im *siebenten Bande* [der Werkausgabe bei Göschen], zuerst: *Faust*,
> ein Fragment. Es scheint fast schon in seiner Anlage nur zum Frag-
> ment bestimmt gewesen zu seyn; denn ein zusammenhängendes
> Ganzes hätte sich daraus, selbst von solch einer Meisterhand, bey
> dieser Anlage wohl schwerlich bilden lassen. Roh und wild ist
> alles hingeworfen; starke und auffallende Züge wechseln mit
> manchen, doch allzu sorglos unbearbeitet gelassenen, ab; man
> sieht aber bald, daß es so seyn sollte; und wer ist berechtigt, dem
> Eigensinn und dem Umherstreifen des phantasiereichen Dichters
> Gesetze vorzuschreiben? Bey dem allen indeß gestehen wir offen-
> herzig, daß uns die Unvollständigkeit des gegenwärtigen Frag-
> ments weniger schmerze, als die leider! nicht mehr mögliche Voll-
> endung des *Lessingschen* Bruchstücks eines ähnlichen Schauspiels.
> Nicht, als ob wir das, was hier der Eine Dichter unvollendet gab,
> mit dem weit kleinern, aber wahrlich sehr reichhaltigen Bruch-
> stücke des andern, auf jenes Kosten vergleichen wollten. Der ganze
> Gesichtspunkt, die ganze Manier beyder Arbeiten sind allzu ver-
> schieden, und würden es auch in der vollendeten Ausführung ge-
> blieben seyn. Auch hätte die Vollendung des Einen gewiß das
> Daseyn des andern nicht entbehrlich gemacht.

Kaum daß die Freundschaft zwischen Goethe und Schiller geschlossen war und man sich gegenseitig näher zu erklären begann, schrieb
Schiller im Hinblick auf den fragmentarischen Zustand der Faust-
dichtung am 29. November 1794 an Goethe:
» ... mit nicht weniger Verlangen würde ich die Bruchstücke von

Ihrem Faust, die noch nicht gedruckt sind, lesen, denn ich gestehe Ihnen, daß mir das, was ich von diesem Stücke gelesen, der Torso des Herkules ist. Es herrscht in diesen Scenen eine Kraft und eine Fülle des Genies, die den besten Meister unverkennbar zeigt, und ich möchte diese große und kühne Natur, die darinn athmet, so weit als möglich verfolgen.«

Goethe erwiderte am 2. Dezember 1794:

Von Faust kann ich jetzt nichts mittheilen, ich wage nicht das Packet aufzuschnüren das ihn gefangen hält. Ich könnte nicht abschreiben ohne auszuarbeiten und dazu fühle ich mir keinen Muth. Kann mich künftig etwas dazu vermögen; so ist es gewiß Ihre Theilnahme.

Am 2. Januar 1795 drängt Schiller erneut auf Goethe ein:

Möchten Sie uns doch einige Scenen aus dem Faust noch zu hören geben. Frau von Kalb, die etwas davon wußte, hat mich neuerdings äuserst begierig darnach gemacht, und ich wüßte nicht, was mir in der ganzen dichterischen Welt jetzt mehr Freude machen könnte.

Aber erst in seinem Brief vom 17. August 1795 geht Goethe auf Schillers Verlangen ein und schreibt hinsichtlich seiner Mitarbeit an den »Horen«:

Soviel ich übersehe könnte ich folgendes leisten:

… …

… …

Nov. u. Dec. Ankündigung von Cellini, und wenn es möglich wäre etwas von Faust.

Mit diesem letzten geht mirs wie mit einem Pulver, das sich aus seiner Auflösung nun einmal niedergesetzt hat; so lange Sie dran rütteln, scheint es sich wieder zu vereinigen, sobald ich wieder für mich bin setzt es sich nach und nach zu Boden.

Die erregte Hoffnung, »etwas von Faust« in den »Horen« zu lesen zu bekommen, erfüllte sich jedoch nicht. Statt dessen entstand im Sommer 1796 ein Xenion, das durch Johann Friedrich Schinks 1795 und 1796 erschienenen »Prolog zu einem dramatischen Gedichte: Doctor Faust« und »Doctor Fausts Bund mit der Hölle, ein kleines Ganzes aus einem größern« veranlaßt worden war:

Schinks Faust

Faust hat sich leider schon oft in Deutschland dem Teufel ergeben.
Doch so prosaisch noch nie schloß er den schrecklichen Bund.
Wie sehr das Faust-Fragment die Zeitgenossen beschäftigte, spiegelt
noch zuletzt die Einleitung von Heinrich Ludens langem Gespräch
mit Goethe über Faust, das zwar erst am 19. August 1806 stattfand,
aber noch auf der alleinigen Kenntnis des Fragments beruht. Der als
Professor für Geschichte nach Jena berufene Luden erzählt, Goethe
habe ihn nach einigen von Luden gegebenen Faust-Zitaten damals
gefragt:

Sie scheinen sehr belesen im ›Faust‹. Hat das wunderliche Gedicht
auch Sie so stark angezogen?... Wo und wie haben Sie die Bekanntschaft gemacht? Doch wohl in Berlin; denn in Göttingen
bekümmert man sich wohl nicht viel um den tractatum de Fausto.

Darauf Luden:

So arg, E. E., ist die Philisterei denn doch in Göttingen nicht. Und
ich habe wirklich in Göttingen viel Interesse für den Faust gefunden... Während meines Aufenthaltes in Göttingen, vom Jahre
1799 an, kamen einige Studirende aus Jena nach dieser Universität.
Es waren zum Theil schon reifere Jünglinge... Da nun mein häu-
figes Berufen auf den ›Faust‹ zunächst die Veranlassung zu unserer
näheren Bekanntschaft gegeben hatte, so wurde der ›Faust‹ gar oft
der Gegenstand unserer Gespräche, unserer Discussionen und
Disputationen...

Die von Luden damals vertretenen Ansichten, die dann weitgehend
auch Gegenstand des Gespräches mit Goethe waren, können hier aus
Gründen des Umfangs nicht wiedergegeben werden. Es waren frei-
mütig vorgebrachte kritische Äußerungen aus der Sicht des jungen
Mannes, der seinen geistigen Standort zwischen Klassik und Roman-
tik hatte.

Faust I.

Für den 5. Juni 1797 heißt es in Goethes Tagebuch: »Nach Tische
›Oberons goldene Hochzeit‹«, obgleich dabei zunächst noch gar nicht
an die Verwendung der Szene als »Walpurgisnachtstraum« in »Faust«
gedacht worden war. Doch schrieb Goethe vierzehn Tage darauf,
am 22. Juni 1797, an Schiller:

Da es höchst nöthig ist daß ich mir, in meinem jetzigen unruhigen Zustande, etwas zu thun gebe, so habe ich mich entschlossen an meinen Faust zu gehen und ihn, wo nicht zu vollenden, doch wenigstens um ein gutes Theil weiter zu bringen, indem ich das was gedruckt ist, wieder auflöse und, mit dem was schon fertig oder erfunden ist, in große Massen disponire, und so die Ausführung des Plans, der eigentlich nur eine Idee ist, näher vorbereite. Nun habe ich eben diese Idee und deren Darstellung wieder vorgenommen und bin mit mir selbst ziemlich einig. Nun wünschte ich aber daß Sie die Güte hätten die Sache einmal, in schlafloser Nacht, durchzudenken, mir die Forderungen, die Sie an das Ganze machen würden, vorzulegen und so mir meine eignen Träume, als ein wahrer Prophet, zu erzählen und zu deuten.

Da die verschiednen Theile dieses Gedichts, in Absicht auf die Stimmung, verschieden behandelt werden können, wenn sie sich nur dem Geist und Ton des Ganzen subordiniren, da übrigens die ganze Arbeit subjectiv ist, so kann ich in einzelnen Momenten daran arbeiten und so bin ich auch jetzt etwas zu leisten im Stande.

Schiller antwortete umgehend am 23. Juni 1797:

Ihr Entschluß, an den Faust zu gehen, ist mir in der Tat überraschend, besonders jetzt, da Sie Sich zu einer Reise nach Italien gürten. Aber ich hab es einmal für immer aufgegeben, Sie mit der gewöhnlichen Logik zu messen, und bin also im voraus überzeugt, daß Ihr Genius sich vollkommen gut aus der Sache ziehen wird.

Ihre Aufforderung an mich, Ihnen meine Erwartungen und Desideria mitzuteilen, ist nicht leicht zu erfüllen; aber soviel ich kann, will ich Ihren Faden aufzufinden suchen, und wenn das auch nicht geht, so will ich mir einbilden, als ob ich die Fragmente von Faust zufällig fände und solche auszuführen hätte. So viel bemerke ich hier nur, daß der Faust, das Stück nämlich, bei aller seiner dichterischen Individualität, die Forderung an eine Symbolische Bedeutsamkeit nicht ganz von sich weisen kann, wie auch wahrscheinlich Ihre eigene Idee ist. Die Duplizität der menschlichen Natur und das verunglückte Bestreben, das Göttliche und das Physische im Menschen zu vereinigen, verliert man nicht aus den Augen, und weil die Fabel ins Grelle und Formlose geht und gehen muß, so will man nicht bei dem Gegenstand stille stehen, sondern von ihm zu

Ideen geleitet werden. Kurz, die Anforderungen an den Faust sind zugleich philosophisch und poetisch, und Sie mögen sich wenden, wie Sie wollen, so wird Ihnen die Natur des Gegenstandes eine philosophische Behandlung auflegen, und die Einbildungskraft wird sich zum Dienst einer Vernunftidee bequemen müssen. Aber ich sage Ihnen damit schwerlich etwas Neues, denn Sie haben diese Forderung in dem, was bereits da ist, schon in hohem Grad zu befriedigen angefangen. Wenn Sie jetzt wirklich an den Faust gehen, so zweifle ich auch nicht mehr an seiner völligen Ausführung, welches mich sehr erfreut.

Vom gleichen Tage datiert in Goethes Tagebuch der Eintrag: »Ausführlicheres Schema zum Faust.«

Und schon einen Tag später, am 24.Juni 1797, wurde dort die Entstehung der »Zueignung« vermerkt:

Zueignung an Faust... Nachmittag weiter an Faust.

Am selben Tage schrieb Goethe an Schiller:

Dank für Ihre ersten Worte über den wieder auflebenden Faust. Wir werden wohl in der Ansicht dieses Werkes nicht variiren, doch giebt's gleich einen ganz andern Muth zur Arbeit, wenn man seine Gedanken und Vorsätze auch von außen bezeichnet sieht, und Ihre Theilnahme ist in mehr als Einem Sinne fruchtbar.

Daß ich jetzt dieses Werk angegriffen habe ist eigentlich eine Klugheitssache, denn da ich bey Meyers Gesundheitsumständen noch immer erwarten muß einen nordischen Winter zuzubringen, so mag ich, durch Unmuth über fehlgeschlagene Hoffnung, weder mir noch meinen Freunden lästig seyn und bereite mir einen Rückzug in diese Symbol-, Ideen- und Nebelwelt mit Lust und Liebe vor.

Ich werde nur vorerst die großen erfundenen und halb bearbeiteten Massen zu enden und mit dem was gedruckt ist zusammen zu stellen suchen, und das so lange treiben bis sich der Kreis selbst erschöpft.

Leben Sie recht wohl, fahren Sie fort mir etwas über Gegenstand und Behandlung zu sagen...

Das erfolgte schon am 26.Juni 1797, als Schiller schrieb:

Den Faust habe ich nun wieder gelesen, und mir schwindelt ordentlich vor der Auflösung. Dies ist indes sehr natürlich, denn die

Sache beruht auf einer Anschauung, und solang man die nicht hat, muß ein selbst nicht so reicher Stoff den Verstand in Verlegenheit setzen. Was mich daran ängstigt, ist, daß mir der Faust seiner Anlage nach auch eine Totalität der Materie nach zu erfordern scheint, wenn am Ende die Idee ausgeführt erscheinen soll, und für eine so hoch aufquellende Masse finde ich keinen poetischen Reif, der sie zusammenhält. Nun, Sie werden Sich schon zu helfen wissen. Zum Beispiel, es gehörte sich meines Bedünkens, daß der Faust in das handelnde Leben geführt würde und, welches Stück Sie auch aus dieser Masse erwählen, so scheint es mir immer durch seine Natur eine zu große Umständlichkeit und Breite zu erfordern.

In Rücksicht auf die Behandlung finde ich die große Schwierigkeit, zwischen dem Spaß und dem Ernst glücklich durchzukommen, Verstand und Vernunft scheinen mir in diesem Stoff auf Tod und Leben miteinander zu ringen. Bei der jetzigen fragmentarischen Gestalt des Fausts fühlt man dieses sehr, aber man verweist die Erwartung auf das entwickelte Ganze. Der Teufel behält durch seinen Realism vor dem Verstand, und der Faust vor dem Herzen recht. Zuweilen aber scheinen sie ihre Rollen zu tauschen und der Teufel nimmt die Vernunft gegen den Faust in Schutz.

Eine Schwierigkeit finde ich auch darin, daß der Teufel durch seinen Charakter, der realistisch ist, seine Existenz, die idealistisch ist, aufhebt. Die Vernunft nur kann ihn glauben, und der Verstand nur kann ihn so, wie er da ist, gelten lassen und begreifen.

Ich bin überhaupt sehr erwartend, wie die Volksfabel sich dem philosophischen Teil des Ganzen anschmiegen wird.

Goethe an Schiller, 27. Juni 1797:

Ihre Bemerkungen zu Faust waren mir sehr erfreulich. Sie treffen, wie es natürlich war, mit meinen Vorsätzen und Planen recht gut zusammen, nur daß ich mir's bey dieser barbarischen Composition bequemer mache und die höchsten Forderungen mehr zu berühren als zu erfüllen denke. So werden wohl Verstand und Vernunft, wie zwey Klopffechter, sich grimmig herumschlagen, um Abends zusammen freundschaftlich auszuruhen. Ich werde sorgen daß die Theile anmuthig und unterhaltend sind und etwas denken lassen, bey dem Ganzen, das immer ein Fragment bleiben wird, mag mir die neue Theorie des epischen Gedichts zu statten kommen.

Inzwischen vermerkte Goethe in seinem Tagebuch für den 26. und 27. Juni das Stichwort: »An Faust.«

Und am 1. Juli 1797 schrieb Goethe an Schiller:

> Meinen Faust habe ich, in Absicht auf Schema und Übersicht, in der Geschwindigkeit recht vorgeschoben, doch hat die deutliche Baukunst die Luftphantome bald wieder verscheucht. Es käme jetzt nur auf einen ruhigen Monat an, so sollte das Werk zu männiglicher Verwunderung und Entsetzen, wie eine große Schwammfamilie, aus der Erde wachsen. Sollte aus meiner Reise nichts werden, so habe ich auf diese Possen mein einziges Vertrauen gesetzt. Ich lasse jetzt das Gedruckte wieder abschreiben und zwar in seine Theile getrennt, da denn das neue desto besser mit dem alten zusammen wachsen kann.

Doch alsbald geriet durch den Besuch des Goethe von Rom her bekannten Kunstforschers Hirt, der die antike Welt wiederaufleben ließ, die Arbeit an Faust ins Stocken. Am 5. Juli 1797 schrieb Goethe an Schiller:

> Faust ist die Zeit zurückgelegt worden, die nordischen Phantome sind durch die südlichen Reminiscenzen auf einige Zeit zurückgedrängt worden, doch habe ich das Ganze als Schema und Übersicht sehr umständlich durchgeführt.

Dann führte die dritte Reise in die Schweiz zu einer weiteren Unterbrechung der Arbeit an Faust. Auf der Reise selber berichtete Goethe aus Frankfurt am 22. August an Schiller:

> Bey allem dem leugne ich nicht daß mich mehrmals eine Sehnsucht nach dem Saalgrunde wieder anwandelt und, würde ich heute dahin versetzt, so würde ich gleich, ohne irgend einen Rückblick, etwa meinen Faust oder sonst ein poetisches Werk anfangen können.

Nach der Rückkehr von der Schweizer Reise am 20. November teilte Goethe Schiller am 6. Dezember 1797 mit:

> ... ich werde wohl zunächst an meinen Faust gehen, theils um diesen Tragelaphen los zu werden, theils um mich zu einer höhern und reinern Stimmung, vielleicht zum Tell, vorzubereiten.

Zu Schillers Entschluß, »Oberons goldne Hochzeit« nicht in den »Musen-Almanach für das Jahr 1798« aufzunehmen, schrieb Goethe am 20. Dezember 1797:

Oberons goldne Hochzeit haben Sie mit gutem Bedachte wegge-
lassen, sie ist die Zeit über nur um das doppelte an Versen gewach-
sen und ich sollte meinen im Faust müßte sie am besten ihren Platz
finden.

Die Absicht und deren Begründung, den Faust nun abzuschließen,
bekundete Goethe im Brief an Hirt vom 25. Dezember 1797:

Ihre letzten Aufsätze über Laokoon habe ich noch nicht gesehen.
Verzeihen Sie, wenn ich über diese schwierige Materie mich sobald nicht äußern kann, ich bin für den Moment himmelweit von
solchen reinen und edlen Gegenständen entfernt, indem ich meinen Faust zu endigen, mich aber auch zugleich von aller nordischen Barbarei loszusagen wünsche.

Am gleichen Tage berichtete Schiller aus Jena an Körner:

Goethe erwarte ich in 8 Tagen hier, wo er eine zeitlang bleiben
und den Faust vollenden wird.

Allerdings reiste Goethe dann erst am 20. März 1798 für vierzehn
Tage nach Jena, und die Arbeit am Faust nahm er erst im April 1798
wieder auf, wie sein Tagebuch ausweist:

9. April. Faust wieder vorgenommen. ... – 10. April. Früh Faust. –
11. April. Faust. – 14. April. Gegen Abend verschiedenes an Faust.
... – 15. April. Beschäftigung an Faust. – 18. April. An Faust. –
19. April. An Faust. 21. April. An Faust.

Das Fazit dieser Tagebucheintragungen zog Goethe im Brief an
Charlotte Schiller am 21. April 1798:

Faust hat diese Tage immer zugenommen; so wenig es ist, bleibt
es eine gute Vorbereitung und Vorbedeutung. Was mich so lange
Jahre abgehalten hat wieder daran zu gehen war die Schwierigkeit
den alten geronnenen Stoff wieder ins Schmelzen zu bringen.

In dieser Zeit suchte Goethe einen Verleger für seine geplante Zeit-
schrift »Propyläen«. Schiller hatte Vollmacht, Cotta den Verlag an-
zubieten. Da aber seit der Herausgabe der »Schriften« bei Göschen
bekannt war, daß Goethe unnachgiebig hohe Honorarforderungen
stellte, antwortete Cotta am 11. April 1798 Schiller diplomatisch:

... offen zu gestehen, gefällt mir bei dieser Unternehmung das
nicht, daß sie bloß für das Kunst-Publikum ist, dieses scheint mir
zu klein für den Verleger von Goethes Schriften, der auf einen
sehr zahlreichen Absatz muß rechnen können;... Ganz beruhigt

würde ich daher sein, wenn Sie den Hn. Geh. Rath bestimmen könnten, daß er mir zugleich die Zusicherung für seine künftigen Produkte gäbe, z. B. ›Faust‹ etc.

Auf Schillers entsprechende Sondierung erwiderte Goethe ihm am 28. April 1798:

Für Cottas Erklärung danke ich, doch halte ichs für besser, ehe man sich näher bestimmt, ein paar Bände Manuscript völlig rein fertig zu haben … was dem Buchhändler nutzt, nutzt auch in jedem Sinne dem Autor: wer gut bezahlt wird, wird viel besser gelesen, und das sind zwey löbliche Aussichten. – Ebenso will ich meinen Faust auch fertig machen, der seiner nordischen Natur nach ein ungeheures nordisches Publikum finden muß.

Goethe an Schiller, 5. Mai 1798:

Meinen Faust habe ich um ein gutes weiter gebracht. Das alte noch vorräthige höchst confuse Manuscript ist abgeschrieben und die Theile sind in abgesonderten Lagen, nach den Nummern eines ausführlichen Schemas hinter einander gelegt. Nun kann ich jeden Augenblick der Stimmung nutzen, um einzelne Theile weiter auszuführen und das ganze früher oder später zusammen zu stellen. – Ein sehr sonderbarer Fall erscheint dabey: Einige tragische Scenen waren in Prosa geschrieben, sie sind durch ihre Natürlichkeit und Stärke, in Verhältniß gegen das andere, ganz unerträglich. Ich suche sie deswegen gegenwärtig in Reime zu bringen, da denn die Idee wie durch einen Flor durchscheint, die unmittelbare Wirkung des ungeheuren Stoffes aber gedämpft wird.

Für den 7. Juni 1798 besagt Goethes Tagebuch:

Gegen Abend zu Schiller; über Faust.

Vom 25. Juli bis 10. November 1798 und vom 23. Februar bis 9. Mai 1801 entlieh Goethe aus der Weimarer Bibliothek »Christliche Erinnerung, an Gewaltige Regenten, … wie das abscheuliche Laster der Hexerey mit Ernst ausszurotten … gestellet von Johanne Matthaeo Meyfarten… Erffurt MDCXXXV«; dem Werk war beigebunden: »Magica, Dasz ist: Wunderbarliche Historien Von Gespensten vnd mancherley Erscheinungen der Geister, von zauberischen Beschwerungen … auch von allerley betrug der bösen Geister…« (Eisleben 1600).

Über Schiller blieb Cotta hinsichtlich Goethes Faustdichtung auf dem laufenden. Am 16. Dezember 1798 berichtete Schiller an Cotta:

> Göthe hat an seinem Faust noch viel Arbeit eh er fertig wird. Ich
> bin oft hinter ihm her, ihn zu beendigen und seine Absicht ist
> wenigstens, daß dieses nächsten Sommer geschehen soll. Es wird
> freilich eine kostbare Unternehmung seyn. Das Werk ist weit-
> läufig 20–30 Bogen gewiß…

Am 2. Januar 1799 teilte Goethe Cotta selber mit:

> Mein Faust ist zwar im vorigen Jahre ziemlich vorgerückt, doch
> wüßt ich bey diesem Hexenproducte die Zeit der Reife nicht vor-
> aus zu sagen. Wenn die Hoffnung näher rückt sollen Sie davon
> hören.

Unter den Agenden für Februar 1799 ist Faust vermerkt. Dann aber
heißt es im Tagebuch erst wieder am 18. September 1799:

> Früh Faust vorgenommen.

und am Tage darauf:

> Weniges an Faust.

In die Zeit von 1797 bis 1799 fällt aller Wahrscheinlichkeit nach folgendes Schema:

> Ideales Streben nach Einwirken und Einfühlen in die ganze Natur.
> Erscheinung des Geists als Welt und Thaten Genius.
> Streit zwischen Form und Formlosem.
> Vorzug dem formlosen Gehalt vor der leeren Form. Gehalt bringt
> die Form mit. Form ist nie ohne Gehalt.
> Diese Widersprüche statt sie zu vereinigen disparater zu machen.
> Helles kaltes wissensch. Streben Wagner.
> Dumpfes warmes wissensch. Streben Schüler.
> Lebens Thaten Wesen [gestrichen].
> Lebens Genuß der Person von aussen gesehn. in der Dumpfheit
> Leidenschaft 1. Theil.
> Thaten Genuß nach aussen und Genuß mit Bewußtseyn Schön-
> heit zweyter Theil.
> Schöpfungs Genuß von innen Epilog im Chaos auf dem Weg zur
> Hölle.

Indessen schien Faust wieder vernachlässigt zu werden. Schiller
schrieb entsprechend an Cotta am 24. März 1800:

> Nun noch einen guten Rath. Ich fürchte, Göthe läßt seinen Faust,
> an dem schon so viel gemacht ist, ganz liegen, wenn er nicht von

aussen und durch anlockende Offerten veranlaßt wird, sich noch einmal an diese große Arbeit zu machen und sie zu vollenden. Der Faust wird, wie er mir sagte, wenn er vollendet ist zwey beträchtliche Bände, über 2 Alphabethe [gemeint ist wohl die Anzahl der Druckbogen, die damals noch nicht in arabischen Ziffern, sondern in Buchstaben gezählt wurden] betragen. Er rechnet freilich auf einen großen Profit, weil er weiß, daß man in Deutschland auf dieses Werk sehr gespannt ist. Sie können ihm, das bin ich überzeugt, durch glänzende Anerbietungen dahin bringen, dieses Werk in diesem Sommer auszuarbeiten. Berechnen Sie Sich nun mit sich selbst, wieviel Sie glauben, an so eine Unternehmung wagen zu können und schreiben alsdann an ihn. Er fordert nicht gern und läßt sich lieber Vorschläge thun, auch accordiert er lieber ins Ganze als Bogenweiß.

Der Erfolg auf dieses Schreiben blieb nicht aus, wie Goethes Brief an Schiller vom 11. April 1800 zeigt:

Cottas Freyheit ist mir sehr angenehm. Ich habe einen Brief von ihm über *Faust*, den Sie mir wahrscheinlich zugezogen haben. Wofür ich aber danken muß. Denn wirklich habe ich auf diese Veranlassung das Werk heute vorgenommen und durchdacht.

Vom 11. April bis 5. September 1800 erscheint das Stichwort »Faust« in Goethes Tagebuch häufig.

Goethe an Schiller am 16. April 1800:

Der Teufel den ich beschwöre gebärdet sich sehr wunderlich.

Im Tagebuchvermerk vom 12. September 1800 fiel dann erstmals das Stichwort »Helena«, das bis zum 26. September regelmäßig wiederkehrt. Der gleichzeitige Briefwechsel gibt Aufschluß über Fortgang und Bedeutung der »Helena«.

Goethe an Schiller am 12. September 1800:

Nach verschiedenen Abentheuern bin ich erst heute früh wieder zu der jenaischen Ruhe gelangt und habe gleich etwas versucht, aber nichts gethan. Glücklicherweise konnte ich diese acht Tage die Situationen fest halten von denen Sie wissen, und meine *Helena* ist wirklich aufgetreten. Nun zieht mich aber das Schöne in der Lage meiner Heldin so sehr an, daß es mich betrübt wenn ich es zunächst in eine Fratze verwandeln soll. Wirklich fühle ich nicht geringe Lust eine ernsthafte Tragödie auf das Angefangene zu gründen; allein ich werde mich hüten die Obliegenheiten zu vermehren, deren kümmerliche Erfüllung ohnehin schon die Freude des Lebens wegzehrt.

Schiller erwiderte sofort am 13. September 1800:

Ich wünsche Ihnen Glück zu dem Schritte, den Sie in Ihrem Faust gethan. Laßen Sie Sich aber ja nicht durch den Gedanken stören, wenn die schönen Gestalten und Situationen kommen, daß es Schade sey, sie zu verbarbarisieren. Der Fall könnte Ihnen im 2ten Theil des Faust noch öfters vorkommen, und es möchte einmal für allemal gut seyn, Ihr poetisches Gewißen darüber zum Schweigen zu bringen. Das Barbarische der Behandlung, das Ihnen durch den Geist des ganzen aufgelegt wird, kann den höhern Gehalt nicht zerstören und das Schöne nicht aufheben, nur es anders specificieren und für ein anderes Seelenvermögen zubereiten. Eben das Höhere und Vornehmere in den Motiven wird dem Werk einen eigenen Reiz geben, und Helena ist in diesem Stück ein Symbol für alle die Schönen Gestalten, die sich hinein verirren werden. Es ist ein sehr bedeutender Vortheil, von dem Reinen mit Bewußtseyn ins Unreinere zu gehen, anstatt von dem Unreinen einen Aufschwung zum Reinen zu suchen wie bei uns übrigen Barbaren der Fall ist. Sie müssen also in Ihrem Faust überal Ihr *Faustrecht* behaupten.

Goethe an Schiller am 16. September 1800:

Der Trost, den Sie mir in Ihrem Briefe geben, daß durch die Verbindung des reinen und abentheuerlichen ein nicht ganz verwerfliches poetisches Ungeheuer entstehen könne, hat sich durch die Erfahrung schon an mir bestätigt, indem aus dieser Amalgamation seltsame Erscheinungen, an denen ich selbst einiges Gefallen habe, hervortreten. Mich verlangt zu erfahren wie es in vierzehn Tagen aussehen wird. Leider haben diese Erscheinungen eine so große Breite als Tiefe, und sie würden mich eigentlich glücklich machen, wenn ich ein ruhiges halbes Jahr vor mir sehen könnte.

Am selben Tage schlug Goethe eine Einladung Cottas mit der Begründung aus:

… ich werde mich wohl einige Jahre vor allem hüten müssen, was mich so sehr zerstreuen kann, wenn ich mit den Paar Arbeiten fertig werden will, die mir nun fast wie lästige Gespenster erschei-

nen, es ist der Faust und die Farbenlehre, an beyden ist so viel vor-
gearbeitet daß ich nur Zeit zusammen geizen muß um sie los zu
werden.

Goethe an Schiller am 23. September 1800:

Ihr neulicher Besuch [am 21.9.] war mir sehr erfreulich ... – Meine
Helena ist die Zeit auch etwas vorwärts gerückt. Die Hauptmo-
mente des Plans sind in Ordnung, und da ich in der Hauptsache
Ihre Beystimmung habe, so kann ich mit desto besserm Muthe an
die Ausführung gehen. – Ich mag mich dießmal gern zusammen-
halten und nicht in die Ferne blicken; aber das sehe ich schon daß,
von diesem Gipfel aus, sich erst die rechte Aussicht über das Ganze
zeigen wird.

Am selben Tage schrieb Schiller an Goethe:

Ihre neuliche Vorlesung [am 21.9.] hat mich mit einem großen
und vornehmen Eindruck entlassen, der edle hohe Geist der alten
Tragödie weht aus dem Monolog einem entgegen und macht den
gehörigen Effekt, indem er ruhig mächtig das tiefste aufregt.
Wenn Sie auch sonst nichts poetisches von Jena zurückbrächten,
als dieses und was Sie über den fernern Gang dieser tragischen
Parthie schon mit sich ausgemacht haben, so wäre Ihr Aufenthalt
in Jena belohnt. Gelingt Ihnen diese Synthese des Edeln mit dem
Barbarischen, wie ich nicht zweifle, so wird auch der Schlüßel zu
dem übrigen Theil des Ganzen gefunden seyn, und es wird Ihnen alsdann nicht schwer seyn, gleichsam analytisch von diesem Punkt aus
den Sinn und Geist der übrigen Parthien zu bestimmen und zu ver-
theilen. Denn dieser Gipfel, wie Sie ihn selbst nennen, muss von allen
Punkten des Ganzen gesehen werden und nach allen hin sehen.

Vom 2. bis 8. November 1800 findet sich dann wieder das allgemei-
nere Stichwort »an Faust« in Goethes Tagebuch.

An Cotta schrieb Goethe am 17. November:

Was den Faust betrifft, so ergeht es mir damit wie es uns oft bey
Reisen geht daß sich die Gegenstände weiter zu entfernen scheinen
je weiter man vorrückt. Es ist zwar dieses halbe Jahr über manches
und nicht unbedeutendes geschehen; ich sehe aber noch nicht daß
sich eine erfreuliche Vollendung so bald hoffen läßt.

Goethe an Schiller am 18. November 1800:

Zur Helena haben sich einige gute Motive gefunden ...

Vom 18. Februar bis 9. Mai 1801 ist belegt, daß Goethe das Faustbuch des Nikolaus Pfitzer, »Das ärgerliche Leben und schreckliche End des viel-berüchtigten Erz-Schwartzkünstlers D. Johanni Fausti...« aus der Weimarer Bibliothek entliehen hat. Da Pfitzer eine Analogie Fausts zu Hiob darstellt, »dem der Teufel nicht konte beykommen, er mußte zuvor dessen Erlaubnus von Gott haben«, darf angenommen werden, daß Goethe – zumal ihm dies Motiv seit dem Winter 1768/69, als er gemeinsam mit Fräulein von Klettenberg das »Opus magocabbalisticum« gelesen hatte, bekannt gewesen sein muß und er es gewiß auch 1797 in seiner neuen Konzeption zu Faust berücksichtigt hatte – Pfitzers Werk zur letzten Vergegenwärtigung der Szene diente und die Entstehung des »Prologs im Himmel« mithin auf das Frühjahr 1801 angesetzt werden kann.

In Goethes Tagebuch fällt vom 7. Februar bis 12. März 1801 an wieder regelmäßig das Stichwort »Faust«.

Goethe an Schiller am 14. März 1801:

... ich habe an Faust auch einiges gethan und so rückt man denn immer, obgleich langsam, weiter.

Schiller aus Jena an Goethe am 16. März 1801:

Viel Glück zu den Fortschritten im Faust, auf den die hiesigen Philosophen ganz unaussprechlich gespannt sind.

Darauf Goethe an Schiller am 18. März 1801:

Keinen eigentlichen Stillstand an Faust habe ich noch nicht gemacht, aber mitunter nur schwache Fortschritte. Da die Philosophen auf diese Arbeit neugierig sind, habe ich mich freylich zusammen zu nehmen.

Noch am 4. und 7. April 1801 notierte Goethe ins Tagebuch »Faust«. Dann wurde diese Beschäftigung über vier Jahre von anderen Arbeiten abgelöst.

Am 10. Dezember 1801 schrieb Schiller bekümmert an Cotta:

Sie fragen mich nach Goethen und seinen Arbeiten... Er ist zu wenig Herr über seine Stimmung, seine Schwerfälligkeit macht ihn unschlüssig und über den vielen Liebhaber-Beschäftigungen, die er sich mit wissenschaftlichen Dingen macht, zerstreut er sich zu sehr. Beinahe verzweifle ich daran, daß er seinen Faust noch vollenden wird.

Goethe selber schreibt am 17. Dezember 1801 an Rochlitz:

Von Faust kann ich nur so viel sagen: daß in den letzten Zeiten wohl manches daran gearbeitet worden; in wie fern er sich aber seiner Vollendung, oder auch nur seiner Beendigung nahen dürfte, wüßte ich wirklich nicht zu sagen.

Erst mit der Vorbereitung der neuen Ausgabe seiner Werke bei Cotta ließ Goethe wieder etwas über Faust verlauten. Am 30. September 1805 schrieb er an Cotta:

Was ich in den vierten Band bringe, darüber bin ich mit mir selbst noch nicht einig. Ist es mir einigermaßen möglich; so tret ich gleich mit Faust hervor. Er und die übrigen Holzschnittartigen Späße machen ein gutes Ganze und würden bey der ersten Lieferung gleich ein lebhafteres Interesse erregen. Bezeichnen Sie mir den letzten Termin, wann Sie das Manuscript vom vierten Bande haben müssen, damit ich einigermaßen meinen Überschlag machen kann.

Goethe an Cotta am 24. Februar 1806:

Der vierte Band der ersten Lieferung soll auch in wenigen Wochen fertig seyn. ... Er wird den Faust enthalten, insofern dieser jetzt mittheilbar ist, dagegen aber auch der dünnste von den vieren werden...

Aber erst am 21. März heißt es in Goethes Tagebuch:

Faust angefangen durchzugehen mit Riemer...

Entsprechende Eintragungen folgen noch bis zum 25. April, darunter besonders bemerkenswert:

24. März: Faust mit Riemer. Für mich letzte Scene.
29. März: Faust. Scenen vom Valentin pp.
 3. April: Walpurgisnacht mit Riemer.
 4. April: Walpurgisnacht mit Riemer geendigt.
13. April: Schluß von Faust 1. Teil.
21. April: Faust mit Riemer, letzte Revision.
22. April: Faust nochmals für mich durchgegangen.
25. April: Faust letztes Arrangement zum Druck.

An diesem Tage, dem 25. April, weilte Cotta auf der Durchreise zur Leipziger Messe in Weimar bei Goethe. Auf seiner Rückreise Anfang Mai nahm er das Manuskript mit nach Tübingen. Dann aber verzögerten die Kriegsereignisse den Druckvorgang, bis endlich auf der Ostermesse 1808 als das Hauptstück des 8. Bandes der bei Cotta erschienenen Ausgabe von Goethes Werken »Faust, 1. Theil« der Öffentlichkeit übergeben werden konnte.

In Goethes Nachlaß fanden sich zwei auf die Faust-Dichtung bezügliche Gedichte, »Abkündigung« und »Abschied« betitelt. Sie stellen Gegenstücke zur 1797 entstandenen »Zueignung« dar. Obgleich Goethe niemals etwas über die beiden Gedichte hat verlauten lassen und das eine wie das andere schließlich unterdrückte, darf ihre Entstehung auf die Zeit zwischen 1797 und 1800 angesetzt werden, zumal Goethe sich 1800 intensiv mit dem für die vollständige Faust-dichtung vorgesehenen Helena-Akt beschäftigt hatte, so daß ihm der Abschluß der Dichtung bei der Niederschrift des Verses »Am Ende bin ich nun des Trauerspiels« durchaus greifbar nahe geschienen haben mag.

Abkündigung.

Den besten Köpfen sei das Stück empfohlen,
Der Deutsche sitzt verständig zu Gericht,
Und möchten's gerne wiederholen,
Allein der Beifall gibt allein Gewicht.
Vielleicht daß sich was Bess'res freilich fände. –
Des Menschen Leben ist ein ähnliches Gedicht:
Es hat wohl einen Anfang, hat ein Ende,
Allein ein Ganzes ist es nicht.
Ihr Herren, seid so gut und klatscht nun in die Hände.

Abschied.

Am Ende bin ich nun des Trauerspieles
Das ich zuletzt mit Bangigkeit vollführt,
Nicht mehr vom Drange menschlichen Gewühles,
Nicht von der Macht der Dunkelheit gerührt.
Wer schildert gern den Wirrwarr des Gefühles,
Wenn ihn der Weg zur Klarheit aufgeführt?
Und so geschlossen sei der Barbareien
Beschränkter Kreis mit seinen Zaubereien.

Und hinterwärts mit allen guten Schatten
Sei auch hinfort der böse Geist gebannt,
Mit dem so gern sich Jugendträume gatten,

Den ich so früh als Freund und Feind gekannt.
Leb' alles wohl was wir hiemit bestatten,
Nach Osten sei der sichre Blick gewandt.
Begünstige die Muse jedes Streben
Und Lieb' und Freundschaft würdige das Leben.

Denn immer halt' ich mich an Eurer Seite,
Ihr Freunde, die das Leben mir gesellt;
Ihr fühlt mit mir was Einigkeit bedeute,
Sie schafft aus kleinen Kreisen Welt in Welt.
Wir fragen nicht in eigensinn'gem Streite,
Was dieser schilt, was jenem nur gefällt,
Wir ehren froh mit immer gleichem Muthe
Das Alterthum und jedes neue Gute.

O glücklich! wen die holde Kunst in Frieden
Mit jedem Frühling lockt auf neue Flur;
Vergnügt mit dem was ihm ein Gott beschieden
Zeigt ihm die Welt des eignen Geistes Spur.
Kein Hinderniß vermag ihn zu ermüden,
Er schreite fort, so will es die Natur.
Und wie des wilden Jägers braus't von oben
Des Zeiten Geists gewaltig freches Toben.

Schon am 11. November 1807 berichtet Charlotte von Stein ihrem
Sohn Fritz, Goethes früherem Zögling:

> Gestern abend war ich bei der Herzogin. Goethe hat neue Szenen
> in seinen Faust gemacht und las sie vor; sie werden in sechs Wo-
> chen ungefähr gedruckt erscheinen. Es ist ein sehr genialisches
> Stück, und mit Wahrheit sagt er in der Vorrede, daß er einen vom
> Himmel bis zur Hölle führt.

Seit dem 7. April 1808 erschienen Vorabdrucke aus dem Faust in
Cottas »Morgenblatt für gebildete Stände«.
Am 18. April 1808 schrieb Karl Friedrich Graf von Reinhard an
Goethe von dem Eindruck, den die »Zueignung« auf seine Schwie-
germutter gemacht hat:

> Da Sie den Groß-Papa kennen, so mögen Sie auch aus der Groß-
> Mama Briefen folgende Stelle hören: »Den Prolog [die Zueig-

nung] zum neuen »Faust« mußte ich für Dich und Karl abschreiben; er ist zu schön und ein Himmelsfunken drinnen, den ich bisher in G. [Goethes] Gemüth nicht fand, ein weiches, inniges Gefühl, ein Zusammenhang mit abgeschiedenen Freunden, der in
dem Himmelsdome von Goethes Geiste nie fehlen konnte, wenn
er auch zuweilen durch Erddünste verdeckt ward. Jetzt sieht man
die reine Bläue von Lieb' und Freundschaft durch und diess thut
so wohl. Diese Zeit erzieht ihre Menschen; was im Glück schlum-
mernd lag, wird schmerzhaft wach durch Leiden.« – Dieses Urtheil
der Mutter haben meine Rührung und meiner Frau Thränen be-
kräftigt.

Charlotte von Schiller wendete sich am 14. Juni 1808 an Goethe:
… dann möchte ich Ihnen etwas über den ›Faust‹ sagen, denn bis
im October ist es noch so lange hin! Ich möchte es Ihnen sagen
können, wie mich die ›Zueignung‹ ergriffen hat, aber Sie verstehen, was ich dabei fühlen muss, auch ohne Worte. So lebendig tief
hat mich dieser Zauberton gerührt und bewegt! Nur diese Stro-
phen allein sind schon einzig, gross und schön. Wie einem nun
dieses *Reiche*, *Ganze*, erquickt und belebt, da das Einzelne so ein-
wirkt. Es ist eine unendliche Welt der Gefühle und Ansichten.
Dass Sie das auszusprechen den Willen hatten, dafür muss man
Ihnen danken, denn dass Sie so Vieles in sich haben, dafür muss
man den Göttern danken. Welche Wirkung thut der Chorgesang,
in diesem Moment, wo Faust die Schale ergreift! Wie ist der Anfang prächtig und wundervoll, und wie ist das Wesen des Dichters
ausgesprochen. Der Bruder Gretchens thut mir auch eine grosse
Wirkung. Aber auf das, was mich unbeschreiblich gerührt hat,
muss ich mit zuerst kommen, ob es gleich das Ende ist. Diese letzte
Scene mit Faust und Gretchen ist von der tiefsten, tiefsten Rührung, wie schmerzt einem das holde Wesen in ihrem Wahnsinn!
wie ist dieses gefunden, wie sie nun nach dem Verbrechen das Gefühl ihrer seligsten Liebe verloren hat, wie Faust ihr kalt und fremd
ist! – wie sie nun in seiner und des bösen Freundes Gewalt ist, und
auf einmal ihr reines Wesen diese Gewalt besiegt und Mephistopheles sagt: sie ist gerichtet; da wird einem das Herz wieder leicht.
Das Volkslied von dem Vögelchen ist so fürchterlich schön an
dieser Stelle. – Ich konnte mich gar nicht wieder beruhigen über

diese Scene. Ich möchte Ihnen wieder für alles auf's neue danken, denn es ist ein Zauber in dieser Dichtung, der einem auch so tausendfach ergreift, als die Ansichten unendlich sind. Die Walpurgisnacht ist auch prächtig und die Freunde stehen am rechten Platz.

Über »Walpurgisnacht« und »Walpurgisnachtstraum« urteilt Rochlitz im Brief vom 22. Juni 1808:

... das Intermezzo gegen den Schluss des Ganzen scheint mir, aller hübschen Einfälle ungeachtet, Goethes oder wenigstens dieses Platzes unwerth, zu geschweigen, dass man die meisten Beziehungen desselben nach wenigen Jahren nicht einmal mehr verstehen wird. Auch zerreisst es die tragischen Scenen viel zu sehr und, bei seiner Länge, sogar widrig.

Auf Grund der Prinzipien damaliger Allgemeinbildung urteilte der ehemalige Direktor des Weimarer Gymnasiums Karl August Böttiger 1809 in der »Bibliothek der redenden und bildenden Künste« (Leipzig):

... Der itzige Herr Geheimderath *von Göthe* zu Weimar, in der Zeit, als er noch zu Wetzlar die Rechte studierte, und mit *Gotter*, *Lerse*, dem Sohn des Abts *Jerusalem* und einigen andern jungen Männern, die sich zu gleichem Zweck daselbst befanden, zum Zeitvertreib Komödie spielte, (welchem Spiel wir *Götz von Berlichingen* und *die Mitschuldigen* verdanken,) kam auf den Einfall, das auszuführen, was Lessing unausführbar gefunden hatte. Es blieb indeß auch nur bey einem Bruchstück, das er in die Sammlung seiner 1790 bey Göschen gedruckten *Schriften* aufnahm. (Man sehe den 7ten Band.) Der hohe poetische Werth dieses Fragments veranlaßte wahrscheinlich viele seiner Freunde, ihn wiederholt aufzufordern, doch dieses Fragment zu ergänzen. Freylich überlegten diese Freunde nicht, daß sie etwas Unmögliches forderten, da der Stoff widersinnig ist; indeß verdanken wir ihnen ein Werk, von dem man wohl sagen kann, es ist das Höchste, wenn auch mitunter das Bizarreste, was der Genius der deutschen Dichtkunst hervorgebracht hat. Freylich ist es, wie der Dichter auch selbst sagt, (in dem Vorspiel S. 12) kein *Ganzes*; höchst charakteristisch nennt er es: »ein *Ragout*.« Wir wollen dessen Bestandtheile untersuchen.

Die voranstehende *Zueignung* wird man nicht satt zu lesen und wieder zu lesen: sicher ward sie aber nicht *vor*, sondern *nach* der Unternehmung, das Fragment vom *Faust* zu ergänzen, niedergeschrieben; denn die Erinnerung an die verstorbenen Freunde, denen er jenes Fragment zu Wetzlar vorlas, konnte ihn wohl, da die meisten derselben bereits gestorben sind, »Nach jenem stillen, ernsten Geisterreich,« aber unmöglich auf den Bloxberg versetzen, unmöglich treiben, den *Walpurgisnachtstraum* zu entwerfen. Die Töne dieser Gesänge sind doch wohl nicht mit »der Aeolsharfe« zu vergleichen. Dieser Ton ist nur in der *Zueignung* merkbar.

Neu hinzugekommen ist gleich ein Vorspiel auf dem Theater. Eine Berathschlagung des Directors mit dem Theaterdichter und dem Schauspieler, welcher die lustige Person vorstellt, über das, was man geben will. Man findet darin überaus glückliche und feine Bemerkungen über das Drama überhaupt, so wie über den theatralischen Geschmack der Deutschen; ... sie wollen im Theater mehr schauen, als hören. Zu schauen bekommen sie denn auch gleich genug in dem Prolog. Die drey Erzengel treten vor und preisen den Weltschöpfer. Auf einmal tritt Mephistopheles unter sie und spricht im Tone der Hofnarren mit dem Herrn (mit Gott), der sich sehr à propos nach dem Doktor Faust erkundigt. Dieß soll denn nun eine Einleitung zu der darauf folgenden Tragödie seyn. Ist denn aber Mephistophel blos ein Schalk, wie der Spaßmacher an der Tafel Jupiters? Er ist ja Teufel, Verführer der Menschen: wie kann also *der Herr*, der Schöpfer und Vater der Menschen, zu ihm sagen:

»Ich habe deines gleichen nie gehaßt!«

Die ersten Scenen der Tragödie Faust sind ganz dieselben, die man in dem 7ten Band von Göthe's Schriften von S. 3–18 findet. In der neuen Ausgabe gehen sie von S. 33–46. Einige Verse hätte der Dichter doch wohl verbessern sollen; z. B. S. 36, alte Ausg. S. 6.:

Statt der lebendigen Natur,
Da Gott die Menschen schuf *hinein*.

Und vollends S. 38., alte Ausg. S. 8.:

Wo faß' ich dich, unendliche Natur?
Euch Brüste, wo? Ihr Quellen alles Lebens,
An denen Himmel und Erde hängt,

Dahin die welke Brust sich drängt –

Ihr quellt, ihr tränkt, und schmacht' ich so vergebens?

Wie ekelhaft, daß Faust die Natur bey ihren Brüsten fassen will? Diese Brüste verwandeln sich in Quellen, und an diesen hängt Himmel und Erde. Fausts welke Brust drängt sich an diese Brüste der Natur, als Quellen alles Lebens; sie quellen, sie tränken, aber dem armen Faust kommen sie nicht zu gute. Da ein Dichter, wie Göthe, solche Verse in die Ausgabe seiner Werke von letzter Hand aufnimmt; darf man sich wohl wundern, wenn die Franzosen den Deutschen Ungeschmack zum Vorwurf machen?

... Wenn Fausts Monolog von S. 46–53 Langeweile macht; so ist doch die Idee vortrefflich: seinen Trübsinn, in welchem er Gift zu nehmen beschließt, durch den Glockenklang und Chorgesang am ersten Osterfeyertags-Morgen unterbrechen zu lassen. Herzergreifend sind die Betrachtungen, zu welchen er hiedurch veranlaßt wird. Er fühlt sich wieder als Mensch mit der Natur im Bunde, und stürzt ins freye Feld hinaus. Hier stößt er auf Spaziergänger aller Art, auch gesellt sich zu ihm sein Famulus Wagner, mit dem er nach einem Dorfe geht, wo sie auf Gesang und Tanz stoßen. Alles dieß ist mit einer Wahrheit geschildert, die fesselt und bezaubert. Beym Nachhausegehen gesellt sich zu ihnen ein schwarzer Pudel, und man wird leicht errathen, daß dieß der Höllengeist Mephistophel ist. Die Scene mit ihm auf Fausts Studierstube und das Verwandeln des Pudels in eine menschliche Gestalt, gekleidet wie ein fahrender Scholastikus, ist ächt poetisch. Aber Fausts zwey Gespräche hinter einander mit dem Höllengeist ermüden durch ihre Länge. ... der Auftritt, Gretchen am Spinnrade allein, singend, so wie die Scene in Marthens Garten, zwischen Faust und Margarethen, dem hinzukommenden Mephistopheles, und die liebliche Scene am Brunnen zwischen Gretchen und Lieschen. An diese Scene schließt sich in der neuen Ausgabe gleich die an, in welcher Gretchen ein Bild der Mater dolorosa mit Blumen umkränzt. Auf diese folgt in der alten Ausgabe nur noch Eine Scene, wo der böse Geist Gretchen im Dom erscheint. Zwischen beyde ist eine treffliche neue Scene eingeschaltet. ... Valentins Anrede an seine Schwester ist doch wohl für einen Sterbenden zu lang, so derbe Wahrheiten sie auch enthält. Neu hinzugekommen ist alles, was von S. 256 an folgt. Faust wird von Mephistophel mit zu dem Hexenfest in der Walpurgisnacht auf dem Harzgebirge genommen, wo man auch auf einem Theater ein Intermezzo: Oberons und Titanias goldne Hochzeit, spielt. So hoch poetisch alles seyn mag, so hat es uns doch in sittlicher Hinsicht höchlich misfallen. Auch wird das Interesse an Fausts Schicksal doch dadurch gestört: denn wie locker hängt es mit demselben zusammen? Die nun folgende Scene zwischen Faust und Mephistopheles ist in Prosa geschrieben, welches auf keine Weise zu dem Ton des Ganzen paßt. Faust verlangt von dem Höllengeist, er solle ihm Mittel an die Hand geben, seine geliebte Margarethe zu retten, die den nächsten Morgen, Kindermords wegen, enthauptet werden soll. ... Gleich darauf wird es Nacht, und man sieht Beyde auf schwarzen Pferden vor einem Hochgerichte vorbey sprengen. Dieß erinnert an eine bekannte Stelle in *Bürgers* Leonore, die Herr von Göthe den sonderbaren Einfall gehabt hat, aufs Theater bringen zu wollen.

Ganz vortrefflich sind die nun folgenden Scenen im Kerker. Shakespear's Genius hat nichts Rührenderes hervorgebracht. ... Der Schluß befriedigt nicht; er ist zu abgebrochen. Margarethe wird durch denselben zur Hauptperson erhoben. Aber der einfache, anspruchslose, und doch die feinsten Gefühle ergreifende Ton in dieser Scene, so wie die Phantasie und Menschenkenntniß, die erfordert ward, sie zu schreiben, erregen die innigste Bewunderung für das Genie des Verfassers. Wie Göthe hat kein andrer deutscher Dichter das menschliche Herz ergründet.

Hat er aber auch das Problem gelöst: warum Faust sich dem Teufel ergab? Wir zweifeln. Sein Faust ist uns zu sehr noch Student. Da es mit seinem Streben, die Natur zu ergründen, nicht recht fort will, verfällt er darauf, durch Magie mit den Höllengeistern Bekanntschaft zu machen, um durch sie seinen Zweck zu erreichen. So weit alles recht gut! Aber warum wählt er sich einzig den Geist der Sinnlichkeit zum Vertrauten? Wie niedrig! War es nicht besser, wenn er sich aus überspanntem Ehrgeiz dem Teufel ergab? Wenn er herrschen, alles neu einrichten wollte? Auch die alte deutsche Haupt- und Staatsaction, Doctor Faust betittelt, konnte den Verfasser leiten, diesen Weg einzuschlagen, um seinem Helden mehr Achtung zu verschaffen. Wer hingegen muß nicht einen

Menschen verachten, der übernatürliche Kräfte bloß dazu vergeudet, um ein armes unschuldiges Bürgermädchen zu verführen? Überhaupt begreifen wir nicht, warum Herr von Göthe so gern Menschen mit Löschpapier-Seelen, wie sein Clavigo, sein Egmont, sein Faust, sein Karl Meister, zum Hauptgegenstand seiner Darstellungen des menschlichen Treibens und Denkens wählt? Der Held einer Geschichte oder eines Drama's muß doch Charakter mit Kopf verbinden; obschon freylich Charakterlosigkeit sehr viele Menschen ins Verderben zieht. Was in den Götheschen Dichtungen anzieht, ist die Wahrheit der Empfindungen und der ihnen entsprechende Ausdruck: aber die Anlage derselben ist zu wenig überdacht. Man kann wetten, daß z. B. im Faust Herr von Göthe schon die meisten Scenen aufs Papier geschrieben hatte, bevor er bestimmt wußte, wie sein Stück enden sollte. Erst während der Arbeit suchte er nach einem Ausgang. So wenig wir geneigt wären, Diderots Theorie des Drama zu der unsrigen zu machen; so hat Diderot doch unstreitig darin Recht, wenn er verlangt, der dramatische Dichter solle nicht eher an den Dialog denken, nicht eher irgend eine Scene dialogiren, bis er sich einen vollständigen Plan entworfen habe, bis er wisse, wie eine Scene auf die andere folgen solle, und mit welcher Rede das Stück schließen werde: denn diese müsse er immer im Auge behalten. ...

Übertroffen wurde Böttiger nur noch von Franz von Spaun, der 1821 in seiner »Protestation gegen die Staelsche Apothese des Göthischen Faustus« eine über fünfundfünfzig Oktavseiten gehende Rezension schrieb, von der nur der den »Prolog im Himmel« betreffende Abschnitt als Probe angeführt sei:

... Ich war vorbereitet eine romantische Schöpfung nach dem neuesten Geschmacke zu finden. Allein was ich fand, übertraf meine Erwartung, und ich hatte nicht sobald den Prolog im Himmel gelesen, als ich dieses Meisterwerk unter den Tisch warf. Diese Scene ist aus dem Buche Hiob entlehnt, oder vielmehr parodirt. Der Himmel ist offen, Gott der Herr sitzt auf dem Throne von den himmlischen Heerschaaren umringt. Die drei Erzengel treten vor, und relationiren, daß in der Planeten-Welt alles gut gehe; aber in so gemeinen nonsensikalischen Ausdrücken, daß man über die Unbeholfenheit dieser himmlischen Hofkavaliere vor Ärger lachen muß. Raphael sagt: »daß der Anblick der Sonne den Engeln Stärke gebe, wenn keiner sie ergründen mag.« Dieses ist ein ganz erbärmliches Gallimathias, in das kein Exeget ein Atom gesunden Menschen-Verstandes exegisiren kann. Auch kann er nicht deutsch, und sagt im Ablativ am ersten Tag, statt am ersten Tage. Eben so kauderwelsch und platt ist die Dicerie des Gabriels, die der des Raphaels geradezu widerspricht, denn der erste sagt, *die Sonne reise im Donnergange*. Gabriel aber versichert, der Erde Pracht drehe sich unbegreiflich schnelle (wegen des Reims mit Helle). Also ist es entweder Raphael oder Gabriel ein Erzstümper im Weltsysteme. Er sagt, das Meer schäume auf in breiten Flüssen im Grund(e) der Felsen; dieses ist geradezu nicht wahr. Die Quellen, wenn sie auch durch Infiltration der Meere entstehen, schäumen nicht in breiten Flüssen, sondern in sehr kleinen und schmalen Bächen auf. Auch Gabriel begehet jämmerliche Schnitzer gegen die Grammatik, um des lieben Reimes willen.

Michael liefert auch Beiträge zu den Elegantiis des Martinus Scriblerus. Die *Stürme*, spricht er, *bilden wüthend eine Kette.*

»Da schlägt ein blitzendes Verheeren«

»Dem Pfade vor des Donnerschlags.«

Es sollte heissen: (vor) dem Pfade des Donnerschlags, das Verheeren *schlägt* vor dem *Donnerschlage*? und das blitzende Verheeren geht vor dem Donnerschlage? Was ist ein *Pfad* des Donnerschlags? Seit wenn denkt man sich den Tag Gottes wandelbar? Die lieben Bothen reden so albern, daß der liebe Herr-Gott nichts klügers thun konnte, als sie in die Schule schicken, um etwas Grammatik und physische Astronomie zu studieren. Keiner von unseren Hofschranzen ist ein so jämmerlicher Ignorant, als die lieben göthischen Erzengel.

An diesem jämmerlichen Hofe ist Mephistopheles der Hofnarr, aber ein ganz erbärmlicher langweiliger Narr. Der liebe Herr-Gott, *hätte er sich auch das Lachen nicht abgewöhnt*, konnte doch unmöglich über seine schlechten Spässe, und seiner auf allen vier Füssen hinkenden Vergleichung des Menschen mit der langbeinigten Cicade lachen. Der Kreis des Hofgesindes hat Recht, wenn es diesen dummen Teufel verhöhnt. Er lügt so dumm, daß man die Geduld des lieben Herr-Gotts, der solches Zeug anhören mag, nicht genug bewundern kann. Er sagt, daß die Vernunft an allem moralischen Übel schuld sey, und der Mensch ihr Licht mißbrauche um thierischer zu seyn, als jedes Thier.

Den lieben Herr-Gott ärgert es ein wenig, daß er dem Mephistopheles nichts zu Danke machen kann, und fragt ihn dann, ob er seinen Knecht den Faust kenne. Nun erwartet man eine charakterische Schilderung des Helden, und seines unersättlichen Durstes nach überirdischen Kenntnissen; welches glückliche Thema zur beisendsten Satyre über unsre Bücher-Wissenschaft! allein dieses wird mit acht schlechten Versen abgefertigt, und der Teufel sagt:

>»Und alle Näh' und alle Ferne«

>»Befriedigt nicht die tiefbewegte Brust.«

Von solchem Kauderwelsch mag der Teufel ein Wort verstehen. Der liebe Herr-Gott ist auch in Gleichnissen unglücklich und ungeachtet er versichert, er wisse so gut als der Gärtner, wenn der itzt erst grünende Faust Blüthen und Früchte tragen werde, so biethet ihm doch Mephistopheles eine Wette an, daß dieser Baum keine guten Früchte tragen werde: ungeachtet doch der liebe Herr-Gott doch wenigstens so klug als ein altes Weib seyn, und den Bock also nicht zum Gärtner machen sollte, so giebt er doch dem Teufel die Erlaubniß, sein Unwesen mit dem guten Faust zu treiben, worüber sich Mephistopheles herzlich freuet, daß ihm vergönnet sey, ihm mitzuspielen wie die Katze mit der Maus.

>Denn für den Leichnam ist er nicht zu Haus,

>Mit Todten mag er sich nicht befangen,

>Er liebt die vollen frischen Wangen.

Merkt euch's ihr rosenwangigten Mädchen, ihr seyd die Teufelsbraten, nach denen Mephistopheles lüstern ist. Diese allerhöchste Conversation muß wohl nach Tische statt gehabt, und der liebe Herr-Gott sich am Necktar ein Prälaten-Räuschchen angetrunken haben, denn nun fängt er an so albernes Zeug zu schwätzen, daß Gott-Vater im Tollhause es nicht ärger machen könnte. Er versichert den Teufel, daß er ihn nie gehaßt habe, und ertheilt ihm freien Zutritt im himmlischen Hofe. Er sagt, der Teufel sey dem Menschen nothwendig um zu verhüten, daß er nicht in Unthätigkeit verfalle. Hierauf folgt ein mystisches Gallimathias, mit dem sich das Gallimathias im Medecinmalgré lui gar nicht messen kann.

»Wir gönnen euch, ihr ächten Götter-Söhne,«
»Euch zu erfreuen der lebendig reichen Schöne.«
Wir schwache Erdensöhne verstehen nicht wie das Werdende die
Göttersöhne umfassen könne mit den holden Schwanken der
Liebe, und wie man die *schwankende* Erscheinung mit *daurenden*
Gedanken befestigen könne. Unserer beschränkten Fassungskraft
erscheint diese elende Reimlerey als ein sinn- und hirnloses Wort-
gedudel.

Mephistopheles lobt den alten Herrn, daß er so menschlich (so
närrisch sollte er sagen) mit dem Teufel rede. Ich würde daraus
schließen, daß er, oder vielmehr sein Wortführer alt werde, und
zu radotiren anfange.

Übrigens wird jeder, in der Mechanik der Versifikation auch nur
halb Eingeübte, erkennen, daß Herr von Göthe ein sehr schlechter
Versifex sey. Bey jeder Zeile thut der Vers entweder der Construk-
tion, oder dem Gedanken, den er hineinzuzwängen sich mühet,
Abbruch. Dieser Prolog ist ein wahres Muster, wie man nicht in
Versen schreiben soll. Die verflossenen Zeitalter haben nichts auf-
zuweisen, das in Rücksicht auf anmassende Erbärmlichkeit mit
diesem Prolog zu vergleichen wäre.

So viel, aber lang nicht alles, was ich über den Prolog zu sagen
hätte. Ich muß mich aber kurz fassen, weil ich ein lang und leider
auch langweiliges Stück Arbeit übernommen habe.

Was die Fülle der aus räumlichen Gründen nicht wiederzugebenden,
noch zu Goethes Lebzeit erschienenen positiven und negativen Kri-
tiken über Faust I betrifft, so gilt für sie Goethes Wort zu Eckermann
vom 3. Januar 1830:

»Der ›Faust‹«, fuhr er [Goethe] fort, »ist doch ganz etwas Inkom-
mensurables, und alle Versuche, ihn dem Verstand näher zu bringen, sind vergeblich. Auch muß man bedenken, daß der erste Teil
aus einem etwas dunkeln Zustand des Individuums hervorgegan-
gen. Aber eben dieses Dunkel reizt die Menschen, und sie mühen
sich daran ab, wie an allen unauflösbaren Problemen.«

Aufführungen des Faust fanden zunächst nur in privaten Veranstal-
tungen statt. Sie begannen, soweit man feststellen kann, im April
1810, als Ludwig Devrient erstmals das »Vorspiel auf dem Theater«

in der Aula der Breslauer Universität vortrug. Am 24. Mai 1820 ließ
Fürst Radziwill mit seiner Komposition und in der Bearbeitung von
Brühl mehrere Szenen in Berlin aufführen.

Am 8. und 29. Februar 1828 las der Dichter, Dramatiker und Vorleser
Karl von Holtei erstmals in Weimar öffentlich Faust I und den
Helena-Akt.

Die erste reguläre Aufführung von Faust I fand am 19. Januar 1829
auf dem Braunschweiger Hoftheater statt. August Klingemann
hatte die Bearbeitung übernommen und das Werk in sechs Abteilungen untergliedert. Eine Wiederholung brachte er am 8. Juni desselben Jahres in Hannover.

Als Vorfeier von Goethes 80. Geburtstag führte das Dresdener Hoftheater am 27. August 1829 Faust I in Ludwig Tiecks Bearbeitung in
fünf Abteilungen auf. Am 28. August wurde dann dieselbe Bearbeitung in Leipzig gebracht.

Erst am 29. August 1829 folgte die Weimarer Bühne mit einer Bearbeitung in acht Abteilungen von Eckermann und Riemer nach
dem Vorbild Klingemanns und einer Musik von Eberwein. Goethe
war nicht zugegen. Der polnische Dichter Anton Eduard Odyniec
berichtet in diesem Zusammenhang:

> Kaum waren wir aus dem Theater draußen nach der Aufführung
> des Faust, so fragte ich Mickiewicz gleich: Was nun? Er hörte es
> aber nicht, oder wollte es nicht hören – genug, er sagte kein Wort.
> Ich konnte mich aber nicht halten und begann mich auszusprechen.
> Auf dem ganzen Wege vom Theater zur Soiree hörte er zwar zu,
> blieb aber stumm wie eine Mauer. Das verwirrte mich ein wenig
> und kühlte meinen Eifer ab. Und als ihn Goethe fragte, welchen
> Eindruck er vom Faust auf der Bühne, für die er doch nicht ge-
> schrieben wurde, erhalten habe, erging er sich zwar über die ein-
> zelnen Szenen, erwähnte aber des Ganzen mit keinem Worte. Und
> Goethe mochte darüber wohl betroffen sein; denn er sah ihn mit
> durchdringendem Blicke an, als erwarte er noch etwas, und fragte
> nicht weiter. Auch mich haben einzelne Szenen ungemein inter-
> essiert. So lachte ich zum Bersten über die Liebeleien zwischen
> Mephistopheles und Martha; und die Szene Fausts mit Gretchen
> im Kerker erschütterte mich so sehr, daß ich trotz alles Schämens
> und mächtigen Bemühens (ich war nämlich in der Loge bei Herrn

Vogel) nicht imstande war, nicht nur die Tränen, sondern, was noch schlimmer war, ein lautes Schluchzen zurückzuhalten, was sich mir zum Ärger gewaltsam aus der Brust vordrängte. Frau Rosa hatte nichts Angelegentlicheres, als es bei der Soiree Goethe sogleich zu erzählen, was mir ein solches dankbares Anblicken und Lächeln und zuletzt ein Gespräch (zwar nicht über den Faust, sondern über das Klima bei uns und in Italien, über den Einfluß, den das Klima auf ihn einst übte und auf jeden Ankömmling aus dem Norden üben muß) verschaffte.

Auch Karl von Holtei, der sich selber an einer Bühnenbearbeitung des Faust versucht hatte, die aber abgelehnt worden war, erinnert sich der Weimarer Aufführung:

Die Aufführung des Faust in Klingemanns Bearbeitung anlangend, fand dieselbe in acht Akten und in einer seltsam gestellten Anordnung statt. Manches von dem, was ich in meiner (verschmähten) Bearbeitung weglassen und weglassen zu dürfen, ja, zu müssen gemeint, war stehen geblieben und machte, wie ich's vorausgesehen, auf den Brettern keine, oder eine verfehlte Wirkung. Manches aber, war mir wichtig, ja unentbehrlich scheint war gestrichen. So z. B. Fausts erstes Gespräch mit Wagner, welches seine Stellung zur gelehrten Welt bezeichnet; dann jene Worte des alten Bauers und was darauf folgt, wodurch sein Verhältnis als praktischer Arzt und die daraus entspringenden skeptischen Zweifel angedeutet werden sollen. Und dergleichen mehr! In den Liebesszenen war denn auch richtig das ewige Hin- und Hergelaufe, was jede Einheit theatralischer Sammlung zerreißt, ungeändert verblieben. Kurz, es war halt eben nichts getan, sondern nur gestrichen, und ich hatte den Mut, meine Kritik der Exzellenz deutsch und ehrlich in den Bart zu werfen; auch nicht zu verschweigen, daß ich meine Umarbeitung für ungleich dramatischer, konzentrierter, besser und wirksamer hielte. Worauf denn ein: Ihr junges Volk versteht es freilich viel besser! Doch sonder Groll, und zum Schlusse das obligate: Nun, nun, das ist ja schön, lächelnd erfolgte.

Sein eigenes Urteil über die Aufführung deutete Goethe am 2. 9. 1829 in einem Brief an Rochlitz an:

Es ist wunderlich genug daß diese seltsame Frucht erst jetzo gleichsam vom Baume fällt. Auch hier hat man ihn gegeben, ohne meine

Anregung, aber nicht wider meinen Willen und nicht ohne meine Billigung der Art und Weise wie man sich dabey benommen... Liebenswürdig ist es von den Deutschen daß sie das Werk nicht zu entstellen brauchten um es von dem Theater herab erdulden zu können...

Bis zu Goethes Tod folgten noch drei Aufführungen des Faust 1: am 12. April 1830 in München, am 29. Juni 1831 in Hamburg und am 2. März 1832 in Stuttgart.

Seit dem Erscheinen von Goethes Faust schoß eine ganze Anzahl von Faustdichtungen hervor.

Ein Jahr nach Veröffentlichung des »Fragments« trat Goethes Freund Friedrich Maximilian Klinger 1791 in Petersburg mit einem Roman in fünf Büchern »Fausts Leben, Taten und Höllenfahrt« hervor. Klinger fühlte sich genötigt, seinem Werk folgende Bemerkung voranzustellen:

> Der Verfasser dieses Buches hat von allem, was bisher über Fausten gedichtet und geschrieben worden, nichts genutzt, noch nutzen wollen. Dieses hier ist sein eignes Werk, es sei wie es wolle. Davon wird sich jeder Leser leicht aus der Darstellungsart, der Charakteristik und dem Zweck überzeugen. 1791.

1804 veröffentlichte Adalbert von Chamisso in dem von ihm und Karl August Varnhagen von Ense herausgegebenen Musenalmanach »Faust. Ein Versuch«, wobei es sich um eine kurze psychologische Studie in Dialogform zwischen Faust und seinem guten und seinem bösen Geist handelt, die in Fausts Studierzimmer spielt.

Zu einer gewissen Berühmtheit unter den Zeitgenossen brachte es »Faust. Trauerspiel in fünf Aufzügen« von August Klingemann. Das Trauerspiel erschien zuerst 1815 und wurde dann in die dreibändige Ausgabe von Klingemanns Dramen übernommen, die Cotta von 1809 bis 1820 veranstaltete. Klingemanns Faust-Drama ist weithin Nachahmung von Goethes Dichtung; es hat kaum eigenständige Bedeutung, ist aber als sehr theaterwirksam empfunden worden. Über das Verhältnis seines Werkes zu Goethes Dichtung und dem gesamten Fauststoff gab Klingemann eine seinem Faust beigefügte »Vorerinnerung«:

> Soviel auch die alte Legende von Faust schon bearbeitet worden

ist, so mangelt es doch der Bühne bis jetzt immer noch an einem echt dramatischen Faust, und Lessing scheint den Ton angegeben zu haben, den Gegenstand überhaupt so sehr in das Gebiet der Philosophie hinüberzuspielen, daß die mystischen Beziehungen bei den spätern Bearbeitern sich bis zum allegorischen aufgelöst haben, und das geheimnisvolle Grauen, das durch die alte Legende waltet, in den neueren Darstellungen gänzlich verschwunden ist. Die Herrlichkeiten des Goetheschen Faust sind anerkannt, aber Goethes Gedicht hat nur dramatische Momente und ist nie für die Bühne bestimmt worden. – Wenn ich deshalb mich an eine neue Bearbeitung dieses Gegenstandes gewagt habe, so geschah es aus dem oben angeführten Grund und weil ich versuchen wollte, die alte Legende echt dramatisch auszuführen und jenes Gotische, Geheimnisvolle und Schauerliche in meine Darstellung zu übertragen, das vor der Aufklärung anderer Dichter dieses Stoffes daraus entflohen ist.

Im Jahr 1815 hat auch Louis Spohr seine Oper »Faust« komponiert, doch lehnt sich der Schluß des Werkes mehr an Mozarts »Don Juan« als an Goethes Dichtung an, indem die Rückwand des Studierzimmers zertrümmern und Faust in den Feuerpfuhl stürzen soll.

Auf die Verwandtschaft der Thematik von »Faust« und »Don Juan« hat Goethe gelegentlich der Frage, eine passende Musik zum Faust zu erhalten, im Gespräch mit Eckermann am 12. Februar 1829 selber angespielt:

Die Musik müßte im Charakter des »Don Juan« sein: Mozart hätte den Faust komponieren müssen.

So ist es verständlich, wenn Christian Dietrich Grabbe sich schon seit 1823 mit dem Gedanken »von einem anderen Faust, der mit Don Juan zusammentrifft«, trug. 1828 wurde sein Drama »Don Juan und Faust. Eine Tragödie in vier Akten« vollendet, am 29. März 1829 ist es in Detmold erstmals aufgeführt worden.

Auf die allein bis zur Veröffentlichung von Faust II (1832) erschienenen mannigfachen Faust-Dichtungen nimmt schließlich Achim von Arnim ironisch Bezug im Titel seines Lustspiels »Auch ein Faust«. Mit dem für Arnim charakteristischen Blick für bedeutende Motive läßt er seinen Faust sich dem Teufel für die Erfindung der Buchdruckerkunst verschreiben und sich dann durch den Abdruck der

Bibel selbst wieder erlösen. Das Werk blieb Fragment und ist nicht näher zu datieren. Es wird zwischen 1818 und 1831 (Arnims Todesjahr) anzusetzen sein.

BIBLIOGRAPHIE

Vom sogenannten »Urfaust« gab es zu Goethes Lebzeiten keine Ausgabe.

»Faust, ein Fragment« erschien zunächst in Gesamtausgaben:

1. Goethe's Schriften. Erster – Achter Band. Leipzig, bey Georg
   Joachim Göschen, 1787–1790;
   7. Band: Faust, ein Fragment. Jery und Bätely. Scherz, List und
   Rache. 1790.
2. Goethe's Schriften. Erster – Achter Band. Leipzig, bey Georg
   Joachim Göschen, 1790; Aufteilung der Werke wie in voriger
   Ausgabe.
3. Zugleich wurde die Ausgabe von 1787–90 in Wien unter dem
   Titel verkauft: Goethe's Schriften. Erster – Achter Band. Wien,
   bey C. Schaumburg und Compagnie, und Leipzig, bey G.J.
   Göschen, 1790.
4. Endlich erschien noch einmal eine Ausgabe: Goethe's Schriften.
   Erster – Vierter Band. Leipzig, bey Georg Joachim Göschen,
   1787–1791; 4. Band: Faust, ein Fragment. Jery und Bätely.
   Scherz, List und Rache. Puppenspiel. Prolog zu den neusten
   Offenbarungen Gottes. Vermischte Gedichte. Künstlers Erden-
   wallen. Künstlers Apotheose. Die Geheimnisse. 1791. – Da sich
   aber der Verleger auf dem Titelblatt dieser Ausgabe auf ein
   »Kaiserliches allergnädigstes Privilegium« vom 8. November
   1805 beruft, muß dies der früheste Termin sein, zu dem die Ausgabe erschienen sein kann.
5. Eine entsprechende Ausgabe wie unter 4. erschien auch wieder
   in Wien: Goethe's Schriften. Erster – Vierter Band. Wien, bey
   C. Schaumburg und Compagnie, und Leipzig, bey G.J. Göschen,
   1787 [1805!].
6. Goethe's Schriften. Erster – Achter Band. Neue Auflage. Mann-
   heim 1801;
   7. Band: Faust, ein Fragment. Jery und Bätely.

»Faust, ein Fragment« als Einzelausgabe

Faust. Ein Fragment. Von Goethe. Ächte Ausgabe. Leipzig, bey
Georg Joachim Göschen, 1790.

Von dieser Ausgabe gibt es nicht weniger als 16 Titelblattvarianten, die bis etwa 1810 reichen.

Faust I in Gesamtausgaben

1. Goethe's Werke. Erster – Dreyzehnter Band. Tübingen in der J.G.Cotta'schen Buchhandlung 1806–1810;
   8.Band: Faust 1. Puppenspiel [Prolog. Jahrmarktsfest]. Fastnachtsspiel. Prolog zu den neusten Offenbarungen Gottes. Parabeln. Legende. Hans Sachs. Mieding. Künstlers Erdewallen. Künstlers Apotheose. Epilog zu Schillers Glocke. Die Geheimnisse. 1808.

2. Goethe's sämmtliche Schriften. Erster – Sechs und zwanzigster Band. Wien, 1810–1817. Gedruckt bey Anton Strauß. In Commission bey Geistinger. [Nachdruck der vorigen Ausgabe];
   1.Band: Faust. Die Laune des Verliebten. Die natürliche Tochter. 1810.

3. Theater von Goethe. Erster – Zwölfter Theil. Neueste Auflage. Wien 1816 bey B.Ph.Bauer. [Nachdruck von Nr.2];
   1.Band: Faust.

4. Johann Wolfgang von Goethe's sämmtliche Werke. Erster – Fünfzehnter Band. Königl. Schwedischer Allergnädigster Freiheit. Upsala, Bei Em. Bruzelius. 1811–1820.
   12.Band: Faust. 1817.

5. Goethe's Werke. Erster – Zwanzigster Band. Stuttgart und Tübingen, in der J.G.Cotta'schen Buchhandlung 1815–1819.
   9.Band: Faust. Puppenspiel [usw., Inhalt wie in Nr.1, 8.Bd.]. 1817.

6. Goethe's Werke. Erster – Zwanzigster Band. Stuttgart und Tübingen, in der J.G.Cotta'schen Buchhandlung 1815–1819.
   9.Band: Faust. Puppenspiel [usw.] (Es handelt sich um einen gleichzeitigen Druck von Nr.5 auf grauem Papier.)

7. Goethe's Werke. Erster – Sechs und zwanzigster Band. Original-Ausgabe. Wien 1816–1822. Bey Chr.Kaulfuß und C. Armbruster. Stuttgart. In der J.G.Cotta'schen Buchhandlung. Gedruckt bey Anton Strauß. Wien 1819–1822. In Carl Armbruster's Buchhandlung. [Nachdruck nach Nr.5].

8. Goethe's Werke. Vollständige Ausgabe letzter Hand. Erster –
   Vierzigster Band. Unter des durchlauchtigsten deutschen Bundes schützenden Privilegien. Stuttgart und Tübingen, in der
   J.G. Cotta'schen Buchhandlung. 1827–1830.
   12. Band: Faust, erster Theil. Faust, zweyter Theil [Abdruck
   des 1. Aktes bis Vers 6036]. 1828.

Faust I als Einzelausgabe

1. Faust. Eine Tragödie. von Goethe. Tübingen, in der J.G. Cotta'-
   schen Buchhandlung. 1808. [Nach dieser Ausgabe wurde das
   diesem Beiheft zugehörige Faksimile gedruckt]
2. Faust. Eine Tragödie von Goethe. Zweite unveränderte Auflage.
   Leipzig und Tübingen, in der J.A. Sieger'schen Buchhandlung.
   1809. [Nachdruck von Nr. 1]
3. Faust. Eine Tragödie von Goethe. Zweite Auflage. Leipzig 1809.
   [Nachdruck von Nr. 2]
4. Faust. Eine Tragödie von Göthe. Köln 1814. in der W. Spitz'-
   schen Buchhandlung. [Zweiter Nachdruck von Nr. 2]
5. Faust. Eine Tragödie von Goethe. Stuttgart und Tübingen, in der
   J.G. Cotta'schen Buchhandlung. 1816.
6. Faust. Ein Trauerspiel von Goethe. Wien: bei Carl Armbruster;
   Stuttgart: in der J.G. Cotta'schen Buchhandlung. 1823.
   [Nachdruck von Nr. 5]
7. Faust. Eine Tragödie von Goethe. Neue Auflage. Stuttgart und
   Tübingen, in der J.G. Cotta'schen Buchhandlung. 1821.
8. Faust. Eine Tragödie von Goethe. Neue Auflage. Stuttgart und
   Tübingen, in der J.G. Cotta'schen Buchhandlung. 1825.
   [Nachdruck von Nr. 7]
9. Faust. Eine Tragödie. von J.W. v. Goethe. London, J.H. Bohlte,
   Königlich-auswärtiger Hofbuchhändler, York Street, Covent
   Garden. 1823.
   [Zweiter Nachdruck von Nr. 7]
10. Faust. Eine Tragödie von Goethe. Neue Auflage. Stuttgart und
    Tübingen, in der J.G. Cotta'schen Buchhandlung. 1825.
    [nicht mit Nr. 8 identisch!]
11. Faust. Eine Tragödie. von Goethe. Neue Auflage. Stuttgart und

Tübingen, in der J. G. Cotta'schen Buchhandlung. 1831.
[Nachdruck von Nr. 10]
12. Faust. Eine Tragödie von Goethe. Neue Auflage. Stuttgart und Tübingen, in der J. G. Cotta'schen Buchhandlung. 1830.

NF 40/1/7.00

Goethes Gedanken über Musik. Eine Sammlung aus seinen Werken, Briefen, Gesprächen und Tagebüchern. Herausgegeben von Hedwig Walwei-Wiegelmann. Mit achtundvierzig Abbildungen, erläutert von Hartmut Schmidt.
it 800. 262 Seiten

Hermann und Dorothea. Mit Aufsätzen von August Wilhelm Schlegel, Wilhelm von Humboldt, Georg Wilhelm Friedrich Hegel und Hermann Hettner. Mit zehn Kupfern von Catel. it 225. 199 Seiten

Italienische Reise. Mit vierzig Zeichnungen des Autors. Herausgegeben und mit einem Nachwort versehen von Christoph Michel. it 175. 808 Seiten

Tagebuch der Italienischen Reise 1786. Notizen und Briefe aus Italien. Mit Skizzen und Zeichnungen des Autors. Herausgegeben und erläutert von Christoph Michel.
it 176. 402 Seiten

Die Kunst des Lebens. Aus seinen Werken, Briefen und Gesprächen zusammengestellt von Katharina Mommsen unter Mitwirkung von Elke Richter. it 2300. 180 Seiten

Leben des Benvenuto Cellini florentinischen Goldschmieds und Bildhauers. Von ihm selbst geschrieben, übersetzt und mit einem Anhange herausgegeben von Johann Wolfgang Goethe. Mit einem Nachwort von Harald Keller. Mit Abbildungen. it 525. 559 Seiten

Die Leiden des jungen Werther. Mit einem Essay von Georg Lukács. Mit einem Nachwort von Jörn Göres. Mit zeitgenössischen Illustrationen von Daniel Nikolaus Chodowiecki u.a. it 25. 231 Seiten. it 2284. 230 Seiten

NF 40/2/7.00

Lektüre für Augenblicke. Gedanken aus seinen Büchern, Briefen und Gesprächen. Auswahl und Nachwort von Gerhart Baumann. it 1750. 177 Seiten

Lieber Engel, ich bin ganz dein! Goethes schönste Briefe an Frauen. Herausgegeben von Angelika Maass. Mit zahlreichen Abbildungen. it 2150. 486 Seiten

Märchen. Der neue Paris. Die neue Melusine. Das Märchen. Herausgegeben und erläutert von Katharina Mommsen. it 2287. 232 Seiten

Der Mann von fünfzig Jahren. Mit einem Nachwort von Adolf Muschg. it 850. 114 Seiten

Maximen und Reflexionen. Text der Ausgabe von 1907 mit den Erläuterungen und der Einleitung Max Heckers. Mit einem Nachwort von Isabella Kuhn. it 200. 370 Seiten

Novelle. Herausgegeben und mit einem Nachwort versehen von Peter Höfle. it 2625. 144 Seiten

Novellen. Herausgegeben und mit einem Nachwort versehen von Katharina Mommsen. Mit Federzeichnungen von Max Liebermann. it 425. 293 Seiten

Rameaus Neffe. Ein Dialog von Denis Diderot. Übersetzt von Goethe. Zweisprachige Ausgabe. Mit Zeichnungen von Antoine Watteau und einem Nachwort von Horst Günther. it 1675. 324 Seiten

Reineke Fuchs. Mit Stahlstichen nach Zeichnungen von Wilhelm Kaulbach. it 2564. 210 Seiten

Sollst mir ewig Suleika heißen. Briefwechsel mit Marianne und Johann Jakob Willemer. Herausgegeben von Hans-J. Weitz. Mit zeitgenössischen Abbildungen. it 1475. 568 Seiten

Die Wahlverwandtschaften. Ein Roman. Erläuterungen von Hans-J. Weitz. Mit einem Essay von Walter Benjamin. it 1. 333 Seiten

Wilhelm Meisters Lehrjahre. Herausgegeben von Erich Schmitt. Mit sechs Kupferstichen von Catel. it 475. 642 Seiten it 2286. 642 Seiten

Wilhelm Meisters Wanderjahre oder die Entsagenden. Mit einem Nachwort von Adolf Muschg. it 575. 523 Seiten

Johann Wolfgang Goethe / Friedrich Schiller. Der Briefwechsel zwischen Schiller und Goethe. Herausgegeben von Emil Staiger. it 250. 1085 Seiten

Johann Wolfgang Goethe / Friedrich Schiller. Sämtliche Balladen und Romanzen in zeitlicher Folge. Herausgegeben von Karl Eibl. it 1275. 197 Seiten

Johann Wolfgang Goethe / Christiane Vulpius. Goethes Ehe in Briefen. Der Briefwechsel zwischen Goethe und Christiane Vulpius 1792-1816. Herausgegeben von Hans Gerhard Gräf. Mit zeitgenössischen Abbildungen. it 1625. 1048 Seiten

NF 40/4/7.00

Goethes lyrische Werke

Elegie von Marienbad. it 1250. 128 Seiten

Erotische Gedichte. Gedichte, Skizzen und Fragmente.
Herausgegeben von Andreas Ammer. it 1225. 246 Seiten

Gedichte in Handschriften. Fünfzig Gedichte Goethes.
Ausgewählt und erläutert von Karl Eibl. it 2175. 288 Seiten

Gedichte in zeitlicher Folge. Eine Lebensgeschichte Goethes
in seinen Gedichten. Herausgegeben von Heinz Nicolai.
it 1400. 1264 Seiten

Goethes Liebesgedichte. Herausgegeben von Hans Gerhard
Gräf. Mit einem Nachwort von Emil Staiger.. it 275. 317 Seiten

Das Leben, es ist gut. Hundert Gedichte. Ausgewählt von
Siegfried Unseld. it 2000. 204 Seiten

Ob ich dich liebe weiß ich nicht. Liebesgedichte. Herausgegeben von Karl Eibl. Großdruck. it 2396.164 Seiten

Römische Elegien und Venezianische Epigramme.
it 1150. 85 Seiten

Verweile doch. 111 Gedichte mit Interpretationen. Herausgegeben von Marcel Reich-Ranicki. it 1775. 512 Seiten

West-östlicher Divan. Mit Essays zum »Divan« von Hugo
von Hofmannsthal, Oskar Loerke und Karl Krolow. Herausgegeben und mit Erläuterungen versehen von Hans-J. Weitz.
it 75. 400 Seiten

Goethe, unser Zeitgenosse. Über Fremdes und Eigenes. Herausgegeben von Siegfried Unseld. it 1425. 160 Seiten. it 2290. 161 Seiten

Goethe als Emigrant. Auf der Suche nach dem Grünen bei einem alten Dichter. Von Adolf Muschg. it 1700. 209 Seiten

Goethes Alltagsentdeckungen. Von Egon Freitag. Mit zahlreichen Abbildungen. it 2550. 320 Seiten

Goethes Morgenlandfahrten. West-östliche Begegnungen. Herausgegeben von Jochen Golz. it 2600. 320 Seiten

Goethe und die Medizin. Selbstzeugnisse und Dokumente. Von Manfred Wenzel. it 1350. 127 Seiten

Goethe. Der heilkundige Dichter. Von Frank Nager. it 1672. 330 Seiten

Goethe und die Religion. Aus seinen Werken, Briefen, Tagebüchern und Gesprächen. Zusammengestellt von Hans-Joachim Simm. it 2200. 448 Seiten

Bis an die Sterne weit. Goethe und die Naturwissenschaften. Bearbeitet von Margit Wyder. Mit einem Essay von Adolf Muschg. Mit zahlreichen Abbildungen. it 2575. 216 Seiten

Goethe und der Islam. Von Katharina Mommsen. Herausgegeben und mit einem Nachwort versehen von Peter Anton von Arnim. it 2650. 350 Seiten

Goethe und seine Verleger. Von Siegfried Unseld. Mit zahlreichen Abbildungen. it 2500. 820 Seiten

NF 40/7/7.00

NF 40/8/7.00

Klassische deutsche Literatur
im insel taschenbuch
Eine Auswahl

Wilhelm Busch. Gedichte. Ausgewählt von Theo Schlee. Mit Illustrationen von Wilhelm Busch. it 2531. 195 Seiten

Annette von Droste-Hülshoff
- Der Distel mystische Rose. Gedichte und Prosa. Ausgewählt von Werner Fritsch. it 2193. 170 Seiten
- Die Judenbuche. Ein Sittengemälde aus dem gebirgichten Westfalen. Mit einem Nachwort von Christian Begemann. it 2405. 128 Seiten
- Sämtliche Erzählungen. Herausgegeben von Manfred Häckel. it 1521. 234 Seiten
- Sämtliche Gedichte. Nachwort von Ricarda Huch. it 1092. 750 Seiten

Marie von Ebner-Eschenbach. Dorf- und Schloßgeschichten. Ausgewählt und mit einem Nachwort versehen von Joseph Peter Strelka. it 1272. 390 Seiten

Joseph Freiherr von Eichendorff
- Aus dem Leben eines Taugenichts. Mit Illustrationen von Adolf Schrödter und einem Nachwort von Ansgar Hillach. it 202. 154 Seiten
- Gedichte. Mit Zeichnungen von Otto Ubbelohde. Herausgegeben von Traude Dienel. it 255. 163 Seiten
- Gedichte. In chronologischer Folge herausgegeben von Hartwig Schultz. it 1060. 268 Seiten
- Liebesgedichte. Herausgegeben von Wilfried Lutz. it 2591. 280 Seiten
- Novellen und Gedichte. Ausgewählt und eingeleitet von Hermann Hesse. it 360. 325 Seiten

Theodor Fontane
- Briefe an Georg Friedlaender. Herausgegeben und mit
  einem Nachwort von Walter Hettche. Mit einem Essay von
  Thomas Mann. it 1565. 486 Seiten
- Effi Briest. Mit 21 Lithographien von Max Liebermann.
  it 138. 354 Seiten
- Ein Leben in Briefen. Ausgewählt und herausgegeben von
  Otto Drude. it 540. 518 Seiten
- Ein Sommer in London. Mit einem Nachwort von Harald
  Raykowski. it 1723. 252 Seiten
- Frau Jenny Treibel oder »Wo sich Herz zum Herzen findt«.
  Roman. Mit einem Nachwort von Richard Brinkmann
  it 746. 269 Seiten
- Gedichte. Ausgewählt und mit einem Nachwort von
  Rüdiger Görner. it 2221. 200 Seiten
- Grete Minde. Nach einer altmärkischen Chronik. Mit
  einem Nachwort von Peter Demetz. it 1157. 154 Seiten
- Meine Kinderjahre. Autobiographischer Roman. Mit einem
  Nachwort von Otto Drude. Mit Illustrationen und Abbil-
  dungen. it 705. 276 Seiten
- Der Stechlin. Mit einem Nachwort von Walter Müller-
  Seidel. it 152. 504 Seiten

Georg Forster. Reise um die Welt. Herausgegeben und mit
einem Nachwort von Gerhard Steiner. it 757. 1039 Seiten

Johann Wolfgang Goethe
- Elegie von Marienbad. it 1250. 128 Seiten
- Erotische Gedichte. Gedichte, Skizzen und Fragmente.
  Herausgegeben von Andreas Ammer. it 1225. 246 Seiten
- Faust. Urfaust. Faust. Ein Fragment. Faust. Eine Tragödie.
  Paralleldruck der drei Fassungen. Zwei Bände. Herausgege-
  ben von Werner Keller. it 625. 690 Seiten
- Gedichte. Sämtliche Gedichte in zeitlicher Folge. Herausge-
  geben von Heinz Nicolai. it 2281. 1264 Seiten

- Sollst mir ewig Suleika heißen. Briefwechsel mit Marianne und Johann Jakob Willemer. Mit Abbildungen. Herausgegeben von Hans-J. Weitz. it 1475. 568 Seiten
- Verweile doch. 111 Gedichte. Herausgegeben von Marcel Reich-Ranicki. it 1775. 512 Seiten
- West-östlicher Divan. Mit Essays zum »Divan« von Hugo von Hofmannsthal, Oskar Loerke und Karl Krolow. Herausgegeben von Hans-J. Weitz. it 75. 400 Seiten

Der junge Goethe in seiner Zeit. In zwei Bänden und einer CD-ROM. Herausgegeben von Karl Eibl, Fotis Jannidis und Marianne Willems. it 2100. 1479 Seiten

Goethe und die Naturwissenschaften. Bis an die Sterne weit. Bearbeitet von Margit Wyder. Mit einem Essay von Adolf Muschg und Abbildungen. it 2575. 216 Seiten

Goethes Morgenlandfahrten. West-östliche Begegnungen. Herausgegeben von Jochen Golz. it 2600. 320 Seiten

Wilhelm Hauff
- Märchen. Herausgegeben von Bernhard Zeller. Mit Illustrationen von Theodor Weber, Theodor Hosemann und Ludwig Burger. it 216. 325 Seiten
- Das Wirtshaus im Spessart. Eine Erzählung. it 2584. 202 Seiten

Heinrich Heine
- Buch der Lieder. Mit zeitgenössischen Illustrationen und einem Nachwort von E. Galley. it 1957. 322 Seiten
- Sämtliche Gedichte in zeitlicher Folge. Herausgegeben von Klaus Briegleb. it 1963. 917 Seiten

Heinrich Heine. Leben und Werk in Daten und Bildern.
Herausgegeben von Joseph A. Kruse. it 615. 352 Seiten

Johann Gottfried Herder. Lieder der Liebe. it 2643. 120 Seiten

E. T. A. Hoffmann
- Die Abenteuer der Silvester-Nacht. Mit farbigen Illustratio-
  nen von Monika Wurmdobler. it 798. 81 Seiten
- Die Elixiere des Teufels. Mit Illustrationen von Hugo
  Steiner-Prag. it 304. 349 Seiten
- Der Sandmann. Mit Illustrationen von Hugo Steiner-Prag
  und einem Nachwort von Jochen Schmidt. it 934. 84 Seiten

Alexander von Humboldt
- Über das Universum. Die Kosmos-Vorträge 1827/28 in
  der Berliner Singakademie. Herausgegeben von Jürgen
  Hamel und Klaus-Harro Tiemann. it 1540. 235 Seiten
- Über die Freiheit des Menschen. Auf der Suche nach der
  Wahrheit. Herausgegeben von Manfred Osten.
  it 2521. 208 Seiten

Gottfried Keller
- Der grüne Heinrich. Erste Fassung. Mit Zeichnungen
  Gottfried Kellers. Zwei Bände. it 335. 874 Seiten
- Romeo und Julia auf dem Dorfe. Mit einem Nachwort von
  Klaus Jeziorkowski. it 756. 139 Seiten

Heinrich von Kleist
- Geschichte meiner Seele. Das Lebenszeugnis der Briefe.
  Herausgegeben von Helmut Sembdner. it 281. 449 Seiten
- Michael Kohlhaas. Aus einer alten Chronik. Nachwort von
  Jochen Schmidt. it 1352. 172 Seiten

Eduard Mörike. Die schönsten Gedichte. Herausgegeben von Hermann Hesse. Mit Zeichnungen des Autors. it 2540. 220 Seiten

Karl Philipp Moritz
- Anton Reiser. Ein psychologischer Roman. Mit einem Nachwort von Max von Brück. it 2229. 533 Seiten
- Götterlehre. Herausgegeben von Horst Günther. Mit Fotografien. it 2507. 340 Seiten
- Reisen eines Deutschen in England im Jahr 1782. Mit einem Nachwort von Heide Hollmer. it 2641. 200 Seiten

Theodor Storm
- Eine Halligfahrt. Großdruck. it 2387. 80 Seiten
- Der Schimmelreiter. Mit Zeichnungen von Hans Mau und einem Nachwort von Gottfried Honnefelder. Großdruck. it 2318. 180 Seiten

NF 26/6/4.00